EL LIBRO BUDISTA DE LOS DIOSES

EC
EDITORIAL CÁNTICO
COLECCIÓN · LUZ DE ORIENTE

COLECCIÓN DIRIGIDA POR RAÚL ALONSO

cantico.es · @canticoed

© de la traducción:
Raúl Alonso y Manuel José Díaz Márques, 2024
© Editorial Almuzara S. L., 2024
Editorial Cántico
Parque Logístico de Córdoba
Carretera de Palma del Río, km. 4
14005 Córdoba
Imagen de cubierta: *Acogida del decenso del buda Amida* (1300-33),
autor anónimo

ISBN: 978-84-10288-09-6
Depósito legal: CO 1183 2024

Impresión y encuadernación:
Imprenta Luque S.L.

DEVATA SAMYUTTA Y
DEVAPUTTA SAMYUTTA

EL LIBRO BUDISTA
DE LOS DIOSES

EDICIÓN, TRADUCCIÓN Y NOTAS DE
MANUEL JOSÉ DÍAZ Y RAÚL ALONSO

EDITORIAL CÁNTICO

COLECCIÓN ◯ LUZ DE ORIENTE

SOBRE LOS TRADUCTORES

Manuel José Díaz recibió enseñanzas e iniciaciones Vajrayana de importantes Lamas de las diferentes tradiciones de budismo tibetano como S.S. El XIV Dailai Lama, S.S. 41o Sakya Trichen, S.S. Trulshik Rimpoche, S.S. 12o Chamgon Kenting Tai Situpa, S.E. Namkha Drimed Rimpoche, Jigme Gyetrul Rimpoche, S.E. Sakya Jetsun Chimey Luding Rimpoche entre otros. En 2005 conocío a su principal maestro Chögyal Namkhai Norbu Rimpoche de quien recibío enseñanzas y transmisiónes Dzogchen hasta su parinirvana en 2018. A parte de su profunda formación budista, se ha formado en Rebirthing (Renacimiento) desde 1992 y ha sido organizador de la 1a Formación en Respiración Holotrópica (GTT) con el Dr. Stanislav Grof. También ha desarrollado estudios de antropología relacionados con el chamanismo. Se formó en Chamanismo Transcultural con la "Fundación de Estudios Chamánicos" del Dr. Michael Harner (Antropólogo). Organizó dos Giras Mundiales en Sevilla con Monjes Tibetanos: "Por un Milenio de Paz" en el 2000 y "Por la Paz Interior" en 2003. Imparte talleres y atiende consultas privadas.

Raúl Alonso es licenciado en Filosofía por la UNED, especializándose en Filosofía de las Religiones, budismo y gnosticismo antiguo. Es director de Editorial Cántico y forma parte del equipo editorial de la revista *Vínculos de Historia*, de la Universidad Castilla-La Mancha. Es autor de la edición crítica y la traducción de diversos títulos de la tradición cristiana antigua y moderna de autores como Ramon Llull, San Juan de la Cruz, Santa Teresa de Jesús y textos gnósticos de la Biblioteca de Nag Hammdi como el *Evangelio de Felipe*, el *Evangelio de la Verdad*, el *Libro de Tomas el atleta* y *Las enseñanzas de Silvano*. Como poeta ha publicado los libros *La plaga* (2000), *Libro de las catástrofes* (2002), *El amor de Bodhisattwa* (2004), *Temporal de lo eterno* (2014) y *Lo que nunca te dije* (2018). Su poesía reunida ha sido publicada bajo el título *Juventud* (2022) y en este ámbito ha sido distinguido con diversos reconocimientos como el Accésit del Premio Nacional de Poesía Rosalía de Castro, el I Premio de Poesía Joven Radio 3 y el Premio Ciudad de Córdoba Ricardo Molina.

DIALOGAR CON LOS DIOSES

UNA INTRODUCCIÓN AL
DEVATA SAMYUTTA Y DEVAPUTTA SAMYUTTA

POR RAÚL ALONSO Y MANUEL JOSÉ DÍAZ MARQUÉS

El budismo, como una de las grandes tradiciones filosóficas y espirituales del mundo, ha dejado un legado literario de inmensa riqueza y profundidad. Entre las joyas de este vasto corpus se encuentra el Canon Pali, la colección de textos más antigua y completa del budismo Theravada. Dentro de este canon, el *Samyutta Nikâya* ocupa un lugar de especial importancia, ofreciendo una ventana única a las enseñanzas atribuidas al Buda Gautama y sus discípulos más cercanos[1].

Este prólogo tiene como objetivo proporcionar un contexto para la comprensión y apreciación de las dos secciones particulares del *Samyutta Nikâya* que se recogen en este volumen: el *Devata Samyutta* y el *Devaputta Samyutta*. Estos textos, que recogen diálogos entre el Buda y diversos seres celestiales, no solo iluminan aspectos muy bellos de la cosmología budista temprana, sino que también ofrecen profundas enseñanzas sobre la naturaleza de la existencia y el camino hacia la liberación.

El Canon Pali: la Triple Canasta de la Sabiduría

El Canon Pali, también conocido como *Tipitaka* (literalmente, "las tres canastas"), es la base textual del budismo The-

---

1 Bodhi, Bhikkhu; *The Connected Discourses of the Buddha: A New Translation of the Samyutta Nikâya,* Wisdom Publications, Boston, 2000.

ravada. Esta vasta colección se divide en tres grandes secciones denominadas así[2]: 1. *Vinaya Pitaka*: la "canasta de la disciplina", que contiene las reglas y procedimientos que rigen la vida monástica; 2. *Sutta Pitaka*: la "canasta de los discursos", que comprende las enseñanzas y discursos atribuidos al Buda y algunos de sus discípulos, y 3. *Abhidhamma Pitaka*: la "canasta de la doctrina superior", que presenta una sistematización filosófica y psicológica de las enseñanzas.

Esta estructura tripartita refleja los tres aspectos fundamentales del Noble Óctuple Sendero: ética (*sila*), meditación iluminada (*samadhi*) y sabiduría (*pañña*)[3].

El Sutta Pitaka:
un Tesoro de Enseñanzas

Dentro del *Tipitaka*, el *Sutta Pitaka* es particularmente rico en contenido doctrinal y narrativo. Se divide en cinco colecciones principales o "Nikâyas"[4]: el *Digha Nikâya* o "colección de discursos largos"; el *Majjhima Nikâya* o "colección de discursos de longitud media"[5]; el *Samyutta Nikâya* o "colección de discursos agrupados"; el *Anguttara Nikâya* o "colección de discursos numéricos y el *Khuddaka Nikâya* o "colección de textos menores". Cada una de estas colecciones tiene su propio carácter y enfoque, proporcionando en

2 Gethin, R.; *The Foundations of Buddhism*, Oxford University Press, Oxford, 1998.

3 Harvey, P.; *An Introduction to Buddhism: Teachings, History and Practices*, Cambridge University Press, Cambridge, 2013.

4 Norman, K.R.; *Pāli Literature: Including the Canonical Literature in Prakrit and Sanskrit of all the Hīnayāna Schools of Buddhism*. Otto Harrassowitz, Wiesbaden, 1983.

5 Muy recomendable la traducción española de Amadeo Solé-Leris y Abraham Vélez de Cea: *Majjhima Nikâya: Los Sermones Medios del Buddha*, Kairós, Barcelona, 1999.

conjunto una visión completa de las enseñanzas atribuidas al
Buda en la tradición Theravada.

El Samyutta Nikâya:
"Las Enseñanzas Agrupadas"

El *Samyutta Nikâya*, objeto central de nuestro estudio,
se distingue por su organización temática. Contiene más de
2.800 *suttas*, divididos en cinco grandes secciones (*vaggas*) y 56
samyuttas o "grupos conectados"[6]. Su estructura es la siguiente:
1. *Sagatha Vagga*; 2. *Nidana Vagga*; 3. *Khandha Vagga*; 4. *Sala-yatana Vagga* y 5. *Maha Vagga*.

Esta colección abarca una amplia gama de temas doctrinales budistas, incluyendo las Cuatro Nobles Verdades, el Noble
Óctuple Sendero, los cinco agregados (*khandhas*), los seis sentidos (*ayatanas*), y el origen dependiente (*paticcasamuppada*)[7]. El
Samyutta Nikâya es considerado una fuente autoritativa para la
doctrina budista Theravada. Sus enseñanzas han sido objeto de
extensos comentarios a lo largo de los siglos, y muchos maestros
contemporáneos lo utilizan como base para sus enseñanzas[8].

El Sagatha Vagga:
Diálogos con lo Divino

Dentro del *Samyutta Nikâya*, el *Sagatha Vagga* ocupa un lugar especial. Esta primera sección contiene una serie de samyuttas que presentan diálogos entre el Buda y diversos seres celes-

---

6   Bodhi, Bhikkhu; *The Connected Discourses of the Buddha: A New Transla-tion of the Samyutta Nikâya*, Wisdom Publications, Boston, 2000.

7   Anālayo; *A Comparative Study of the Majjhima-nikāya*, Dharma Drum
Publishing Corporation, Taipei, 2011.

8   Crosby, K.; *Theravada Buddhism: Continuity, Diversity, and Identity*, Wi-
ley Blackwell, Chichester, 2014.

tiales. Entre estos, el Devata Samyutta y el Devaputta Samyutta son los que se presentan en este volumen y poseen un particular interés.

El *Devata Samyutta*, o "Colección conectada de las deidades", consta de 81 suttas breves que relatan encuentros entre el Buda y diversos devas o deidades menores. Estos diálogos, que suelen tener lugar durante la noche en el Bosque de Jeta, abordan una amplia gama de temas éticos y filosóficos. Los suttas en esta colección suelen seguir un patrón común: una deidad aparece ante el Buda, hace una pregunta o declaración, y el Buda responde. Los temas tratados incluyen la naturaleza del sufrimiento, la importancia de la práctica espiritual, y reflexiones sobre la impermanencia y el apego.

A continuación, le sigue el *Devaputta Samyutta* o "Colección conectada de los hijos de los dioses" que contiene 30 suttas que presentan diálogos entre el Buda y los devaputtas, una clase específica de seres celestiales. A diferencia de los devatas más anónimos del Devata Samyutta, los devaputtas suelen ser identificados por su nombre. Estos diálogos, aunque similares en estructura a los del Devata Samyutta, tienden a tratar temas más específicos. Incluyen enseñanzas dirigidas a devaputtas particulares, discusiones sobre las acciones pasadas que llevaron a estos seres a renacer en los reinos celestiales, y advertencias sobre los peligros del apego incluso en los reinos divinos.

El *Devata Samyutta* y el *Devaputta Samyutta* son importantes por varias razones:

1. Ofrecen una visión de la cosmología budista temprana y la relación entre los seres humanos y los seres celestiales.
2. Demuestran que las enseñanzas del Buda no estaban limitadas a los seres humanos, sino que se extendían a todos los seres sensibles.

3. Utilizan el diálogo como herramienta de enseñanza, a menudo con un toque poético o enigmático que invita a la reflexión.

4. Subrayan que incluso los seres celestiales están sujetos al sufrimiento y la impermanencia, reforzando la universalidad de las Cuatro Nobles Verdades[9].

Estos textos son cruciales para entender cómo el budismo temprano concebía la relación entre lo mundano y lo supramundano, y cómo las enseñanzas del Buda se aplicaban a todos los niveles de existencia. El *Devata Samyutta* y el *Devaputta Samyutta*, como parte del *Samyutta Nikâya* y del Canon Pali en general, ofrecen una rica fuente de estudio para aquellos interesados en el budismo, la filosofía antigua y la espiritualidad. Estos textos no solo proporcionan una visión única de la cosmología budista temprana, sino que también contienen profundas enseñanzas sobre la naturaleza de la existencia y el camino hacia la liberación.

Nuestra experiencia como traductores

La traducción al español de estos textos pone al alcance de los lectores hispanohablantes la sabiduría antigua esencial del budismo. Trabajar con estos textos ha sido una experiencia muy estimulante, en la que hemos confrontado nuestras propias traducciones con las que ya existen en italiano, inglés y alemán. Lo hemos hecho con el máximo respeto al Dharma, que admiramos por su profundidad ética y espiritual.

Las enseñanzas budistas nos muestran que es necesario generar méritos y sabiduría. Desde este punto de vista podemos considerar que no es mera casualidad ni para ti ni para noso-

---

9 Harvey, P.; *An Introduction to Buddhism: Teachings, History and Practices*, Cambridge University Press, Cambridge, 2013.

tros que estos sutras hayan caído en nuestras manos. Los sutras pueden considerarse como la Naturaleza de Buda, cuya esencia y potencialidad es inherente a todos los seres y la que nos ha guiado hasta aquí.

Una lectura inicial de estos textos atrae como un imán a las personas sensibles y sedientas, buscadoras de algo más allá de lo conocido. El lenguaje con el cual te vas a encontrar, pertenece a un tiempo distinto al nuestro y pudiera por ello inducirnos a juzgarlo erróneamente como pura filosofía especulativa. Sin embargo, aunque los tiempos eran otros, no podemos dejar de ver que los problemas que se plantean en este libro son en esencia los mismos que afligen a los seres hoy en día. Las posibles soluciones que el Buda por su parte refleja a través de las enseñanzas, se muestran asimismo atemporales. Podemos apreciar que tanto las preguntas que los dioses formulan al Buda como los mensajes y posibles soluciones que reciben en su respuesta, no han perdido un ápice de actualidad.

Nuestra potencial naturaleza de Buda, atenta y en segundo plano como testigo siempre, nos invita paciente y constantemente a agudizar nuestros sentidos entumecidos y avivar nuestra sed de ser.

Conforme seguimos avanzando y profundizando en la lectura de estos sutras, se nos van revelando los misterios que guardan. Podemos comenzar a descubrir cómo se nos muestran y aparecen revelaciones súbitas, siguiendo un hilo conductor tejido de profundo sentido y coherencia práctica, a veces velada y oculta aún para una mirada superficial.

La misma pesadumbre que nos impide hoy ser felices, el excesivo mimo a un yo, la identificación con todo lo que aparece a nuestros sentidos, el apego a nuestro cuerpo, nuestras ideas, nuestras tristezas o el deseo de tener siempre más y más, requieren una forma de atención más allá de los ansiolíticos, los antidepresivos o las pasiones evasivas. El atributo de haber despertado, que es el significado de la palabra Buda –o el "plenamente despierto"– nos muestra precisamente que es posible una realización de nuestro estado moral, un camino para una felicidad mayor y más perdurable.

Tal como el Buda enseñó, la naturaleza de Buda existe indeleble en cada ser, dispuesta para su despertar y la consecución de sus íntimos logros. Su mensaje y realidad siguen tan actualizados como hace 2500 años.

El escenario ha cambiado, pero la esencia de nuestros problemas sigue siendo la misma. Adolecemos de importancia personal, de deseo, orgullo, egocentrismo, de buscar nuestros propios intereses y cometer actos erróneos en busca de los mismos, que generan karmas negativos, entumecen nuestros sentidos, oscurecen nuestra conciencia y nos guían por afinidad y hábito a sintonizar una y otra vez con "destinos ilusorios" e insatisfactorios. En definitiva, los problemas siempre son generados por nuestra mente.

Puede que ella siga de este modo en la confusión, que estemos llenos de dudas. Entonces, ¿de qué depende que podamos consumar la naturaleza de Buda?, ¿cómo rasgar el velo que nos mantiene alejados de ello?, ¿cómo constatar de primera mano la Realidad que hay detrás de las apariencias?

En los diálogos del Buda con los diferentes dioses que se presentan en este libro, hay muchas "señales" que nos invitan a reconocer diferentes puertas internas, las cuales pueden conducirnos a nuevas experiencias de realidad más amplias y certeras. Palabras como austeridad, ascetismo, voluntad, disciplina, autodisciplina, purificación, desapego, inmersión, absorción, meditación, actos, destino, yo, cesación o extinción, etc. sugieren estados de conciencia y muestran posibles herramientas para permitirnos descubrir nuestra verdadera naturaleza.

Pero un libro, cualquier libro por sí solo, aunque contenga las verdades más profundas en el mejor de los casos, solamente puede motivar, señalar como "el dedo a la luna". Es preciso encontrar la guía certera de un Maestro o Maestra realizado y que, por lo tanto, reconozca con claridad los recovecos del camino, para atravesar el mar de sufrimientos o existencia cíclica que las enseñanzas definen como *Samsara,* y a encaminarnos hacia la orilla del estado despierto, el denominado *Nirvana.*

El desarrollo de la concentración, la meditación, la observación profunda y minuciosa de los movimientos de la mente, la corrección y el cultivo de actos que generen causas, méritos y karmas positivos, están presentes en las enseñanzas del Buda.

Que la lectura de estos sutras sea auspiciosa en todos los sentidos. Que traigan beneficio a todos los seres, en todo lugar.

EL LIBRO BUDISTA DE LOS DIOSES

DEVATĀ SAṂYUTTA

Los "Discursos de las deidades" contienen 81 sutras compuestos generalmente en verso, cada uno de los cuales representa al Buda en conversación con una deidad. Típicamente, una deidad se acerca al Buda en el parque de Sāvatthī, iluminando la noche con su gloria. La deidad se dirige al Buda con una pregunta o un verso, que puede ser una alabanza, un desafío, un acertijo o simplemente una reflexión. El Buda responde, normalmente elevando el discurso a un plano superior. Como siempre en los textos budistas, no se venera a una deidad, sino que se la considera como un renacimiento temporal en un plano superior; las deidades aprenden del Buda, y no al revés. En la mayoría de los casos, el marco narrativo es escaso, y al cabo de un tiempo se abandona por completo, conservando solo los versos. No hay un tema concreto en los discursos, abordando todos ellos aspectos generales de la enseñanza budista, que van de lo sencillo a lo profundo.

NALA VAGGA

CAPÍTULO DE LOS JUNCOS

En el contexto del Canon Pali, *Nala Vagga* puede ser traducido como "Capítulo de los Juncos" o "Sección sobre los Juncos". Aquí, "nala" se refiere a juncos o cañas, plantas que crecen cerca del agua. Estas plantas son conocidas por su flexibilidad y resistencia. Figurativamente, "nala" puede simbolizar algo flexible pero fuerte, o algo resiliente y omnipresente en su entorno. El *Nala Vagga* forma parte de una colección de discursos (*suttas* o *sutras*) en el *Sutta Pitaka* del Canon Pali, donde las enseñanzas del Buda podrían estar usando la metáfora de los juncos para simbolizar la flexibilidad, la adaptabilidad o la naturaleza transitoria de la existencia.

1

ATRAVESANDO LAS AGUAS CRECIDAS

Así lo he oído. En cierta ocasión, Buda moraba cerca de Sāvat-thī, en la arboleda de Jeta, en el parque de Anāthapiṇḍika. Entonces, ya entrada la noche, una gloriosa deidad[1], iluminando toda la Arboleda de Jeta, se acercó al Buda, se inclinó, se puso a un lado y le dijo:

— *Buen señor, ¿cómo atravesaste las aguas crecidas?*
—*Ni de pie ni nadando, venerable venerable amigo, atravesé las aguas crecidas.*
—¿*Pero, bendito señor, de qué manera atravesaste las aguas crecidas si no fue de pie ni nadando?*
—*Cuando me detenía en pie, me sumergía. Y cuando nadaba, las corrientes me arrastraban. De esta manera, sin luchar ni oponer resistencia, atravesé las aguas crecidas ni de pie ni nadando.*

---

1 Esta deidad o deva es la misma que durante el resto del libro (Devatā Saṃyutta) intercambia reflexiones con el Buda. Aunque los textos originales se refieren a este ser espiritual con el mismo artículo definido (la deidad, el deva...), aquí lo hemos traducido en cada sutra con el artículo indefinido (una deidad, un deva....) de forma que cada composición se pueda leer separadamente sin perder el sentido de la enseñanza contenida en cada composición.

[La deidad:]

*"Después de mucho tiempo
veo a un brahmán extinguido.
Ni de pie ni nadando,
ha atravesado los apegos del mundo".*

Esto es lo que dijo aquella deidad, y el maestro lo aprobó. Entonces el deva, sabiendo que el maestro lo aprobaba, se inclinó y respetuosamente rodeó al Buda, manteniéndolo a su derecha, antes de desaparecer allí mismo.

2

LIBERACIÓN

En Sāvatthī. En una ocasión, ya entrada la noche, una gloriosa deidad, iluminando toda la Arboleda de Jeta, se acercó al Buda, se inclinó, se puso a un lado y le dijo:

—*Buen señor, ¿conoces la liberación, la emancipación y la reclusión para los seres sensibles?*

—*Sí, venerable amigo.*

—¿Pero de qué manera lo sabes?

[El Buda respondió:]

Por el fin del disfrute del renacimiento,
y el fin de la percepción y la conciencia,
y el cese y aquietamiento de los afectos:
así, venerable amigo, es como conozco
la liberación, la emancipación y la reclusión de los seres sensibles.

3

CONDUCIDO

En Sāvatthī. De pie a un lado, una deidad recitó este verso en presencia del Buda:

Esta vida, tan corta, progresa hacia adelante.
No hay refugio para quien llega a la vejez.
Viendo este peligro de la muerte,
deberías hacer buenas acciones que traigan felicidad.

[El Buda respondió:]

Esta vida, tan corta, progresa hacia adelante.
No hay refugio para quien llega a la vejez.
Viendo este peligro de la muerte,
alguien que busca la paz debería soltar el anzuelo del mundo.

4

EL TIEMPO VUELA

En Sāvatthī. De pie a un lado, una deidad recitó este verso en presencia del Buda:

El tiempo vuela, las noches pasan,
las etapas de la vida nos abandonan una a una.
Viendo este peligro de la muerte,
debes hacer buenas acciones que traigan felicidad.

[El Buda respondió:]

El tiempo vuela, las noches pasan,
las etapas de la vida nos abandonan una a una.
Viendo este peligro de la muerte,
quien busca la paz debería soltar el anzuelo del mundo.

5

¿CORTAR CUÁNTOS?

En Sāvatthī. De pie a un lado, una deidad recitó este verso en presencia del Buda:

¿Cortar a cuántos? ¿Dejar caer a cuántos?
¿Cuántos más deberían desarrollarse?
¿Cuántas clases de aferramiento debe superar un monje
antes de que lo llames cruzador de aguas crecidas?

[El Buda respondió:]

Cinco² para cortar, cinco para soltar y cinco más para desarrollarse.

---

2 Según las enseñanzas del Buda, hay cinco tipos principales de apego que deben ser eliminados para alcanzar la liberación del sufrimiento. Estos se conocen como los cinco agregados del apego (*pañcupādānakkhandhā*). Los cinco agregados son: 1. *Rūpa* (forma física). Este agregado incluye el cuerpo físico y los sentidos. El apego a la forma física se manifiesta en el aferramiento a la apariencia, el cuerpo y los objetos materiales. 2. *Vedanā* (sensación), sensaciones que pueden ser placenteras, dolorosas o neutras, derivadas del contacto sensorial. El apego a las sensaciones se presenta en la búsqueda constante de experiencias placenteras y la evitación de experiencias dolorosas. 3. *Saññā* (percepción) que es la capacidad de reconocer y etiquetar objetos y experiencias. El apego a la percepción implica aferrarse a las etiquetas y conceptos que tenemos sobre el mundo y sobre nosotros mismos. 4. *Saṅkhārā* (formaciones mentales o voliciones) que incluye todos los estados mentales y voliciones que impulsan acciones y reacciones. El apego a las formaciones mentales se manifiesta en el aferramiento a pensamientos, opiniones, creencias y deseos. 5. *Viññāṇa* (conciencia) que es la conciencia sensorial que surge en relación con los otros cuatro agregados. El apego a la conciencia implica identificarse con la experiencia

EL LIBRO BUDISTA DE LOS DIOSES

*Un monje debe superar cinco tipos de aferramiento
antes de que le puedas llamar cruzador de aguas crecidas.*

---

de estar consciente, creyendo en la existencia de un "yo" que experimenta. El
proceso de eliminar estos apegos implica la práctica de la atención plena (*sati*),
la sabiduría (*paññā*), y las enseñanzas del Noble Óctuple Sendero.

6

DESPERTAR

En Sāvatthī. De pie a un lado, una deidad recitó este verso en presencia del Buda:

¿Cuántos duermen mientras otros despiertan?
¿Cuántos despiertan entre los que duermen?
¿Por cuántos acumulas polvo?
¿Por cuántos eres limpiado?

[El Buda respondió:]

Cinco duermen mientras otros despiertan.
Cinco despiertan entre los que duermen.
Por cinco recoges polvo.
Por cinco eres limpiado.

7

NO COMPRENDER

En Sāvatthī. De pie a un lado, una deidad recitó este verso en presencia del Buda:

Aquellos que no comprenden las enseñanzas,
que se extravían en las doctrinas de otros;
dormidos, no han despertado:
¡Es hora de que despierten!

[El Buda respondió:]

Aquellos que comprenden claramente las enseñanzas,
que no se dejan extraviar por las doctrinas de los demás;
despiertos, conocen correctamente,
viven suavemente en lo áspero.

8

MUY CONFUNDIDO

En Sāvatthī. De pie a un lado, una deidad recitó este verso en presencia del Buda:

Aquellos que están muy confundidos acerca de las enseñanzas,
que pueden extraviarse en las doctrinas de otros;
dormidos, no han despertado:
¡Ya es hora de que despierten!

[El Buda respondió:]

Aquellos que no están confundidos acerca de las enseñanzas,
que no se dejarán extraviar por las doctrinas de los demás;
se han despertado, conocen con certeza,
viven suavemente en lo áspero.

9

AFICIONADO A LA VANIDAD

En Sāvatthī. De pie a un lado, una deidad recitó este verso en presencia del Buda:

Alguien que está aficionado a la vanidad no puede ser educado,
y alguien sin inmersión interior no puede ser un sabio.
Viviendo negligentemente solos en el desierto,
no pueden pasar más allá del dominio de la Muerte.

[El Buda respondió:]

Habiendo renunciado a la vanidad,
sereno dentro de uno mismo, con un corazón sano, liberado en todas partes;
viviendo diligente solo en el desierto,
pasa más allá del dominio de la Muerte.

10

EL BOSQUE

En Sāvatthī. De pie a un lado, una deidad se dirigió al Buda en verso:

Viviendo en el bosque, los pacíficos practicantes espirituales
solo comen una vez al día: ¿Por qué tienen la tez tan clara?

[El Buda respondió:]

No se preocupan por el pasado, ni anhelan el futuro.
Se alimentan de lo que venga en el día presente, por eso su tez es
tan clara.

Porque anhelan el futuro, y se preocupan por el pasado,
los tontos se marchitan, como un junco verde segado.

NANDANA VAGGA

CAPÍTULO DEL PLACER

En Pali, "nandana" significa "deleite" o "placer". Este término se refiere a la atracción y el goce que los seres pueden experimentar, especialmente los placeres sensoriales que son transitorios. De este modo, podemos traducir *nandana vagga* como el "capítulo o sección de los placeres". Esta parte contiene varios *suttas* (discursos) que abordan enseñanzas del Buda sobre el desapego y la superación del sufrimiento que resulta del apego a estos placeres.

11

EL JARDÍN DE LAS DELICIAS

Así lo he oído. En cierta ocasión, el Buda moraba cerca de Sā-vatthī, en la Arboleda de Jeta, en el parque de Anāthapindika. Allí el Buda se dirigió a los monjes:

—*¡Oh, monjes!*

—*Venerable señor*—, respondieron ellos.

Entonces, el Buda dijo lo siguiente:

Érase una vez, oh monjes, cierta deidad de la compañía de los Treinta y Tres que se divertía en el Jardín de las Delicias, escolta-da por una banda de ninfas, y abastecida y provista de las cinco clases de estímulos sensuales celestiales. En esa ocasión recitaron este verso:

«¡No conocen el placer quienes no ven el Jardín de las Delicias! Es la morada de los dioses señoriales, la gloriosa hueste de los Treinta.»

Cuando hubieron hablado, otra deidad replicó con este verso:

«*Tonto, ¿no entiendes el dicho de los perfeccionados?: todas las condiciones son impermanentes, su naturaleza es subir y bajar; habiendo surgido, cesan; su quietud es la verdadera dicha.*»

12

DELEITE

En Sāvatthī. De pie a un lado, una deidad recitó este verso en presencia del Buda:

¡Tus hijos te traen deleite!
¡Tú ganado también te deleita!
Porque los apegos son el deleite del hombre;
sin apegos no hay deleite.

[El Buda respondió:]

Tus hijos te traen tristeza.
Tu ganado también te trae tristeza.
Porque los apegos son la pena del hombre;
sin apegos no hay sufrimiento.

13

NADA ES IGUAL A UN HIJO

En Sāvatthī. De pie a un lado, una deidad recitó este verso en presencia del Buda:

No hay amor igual al de un hijo,
ni riqueza igual a la del ganado,
ni luz como la del sol,
y entre las aguas el océano es lo supremo.

[El Buda respondió:]

No hay amor como hacia uno mismo,
ni riqueza igual a la del grano,
ni luz como la de la sabiduría,
y entre las aguas la lluvia es la suprema.

14

LA ARISTOCRACIA

[Una deidad dijo:]

Un aristócrata es el mejor de los bípedos,
un buey es el mejor de los cuadrúpedos,
una doncella es la mejor de las esposas,
y un primogénito el mejor de los hijos.

[El Buda respondió:]

Un Buda es el mejor de los bípedos,
un purasangre es el mejor de los cuadrúpedos,
una mujer consciente es la mejor de las esposas,
y el mejor de los hijos es el leal.

15

EL MURMURO DEL BOSQUE

[Una deidad dijo:]

En la quietud del mediodía
cuando los pájaros se han calmado,
el frondoso bosque murmura en sí mismo:
¡eso me da tanto miedo!

[El Buda respondió:]

"En la calma del mediodía,
cuando los pájaros se han calmado,
el frondoso bosque murmura en sí mismo:
¡eso me parece tan delicioso!»

16

SOMNOLENCIA Y PEREZA

[Una deidad dijo:]

Somnolencia, pereza y bostezos,
tedio y pesadez después de comer:
debido a esto el Noble Sendero
no es claro para las criaturas vivientes aquí".

[El Buda respondió:]

Somnolencia, pereza y bostezos,
tedio y pesadez después de comer:
cuando esto se combate enérgicamente,
el Noble Sendero se despeja.

17

DIFÍCIL DE HACER

[Una deidad dijo:]

Difícil de hacer y difícil de soportar
es la vida ascética para el que no está preparado,
pues a causa de su necedad encuentra dificultades en la práctica.

[El Buda respondió:]

¿Cuántos días podría vivir un asceta sin controlar su mente?
Se hundiría a cada paso, bajo el influjo de los pensamientos.

Un monje debe recoger sus pensamientos como una tortuga mete
sus miembros en su caparazón. Independiente, sin molestar a los
demás, alguien que se extingue no critica a nadie.

18

CONCIENCIA

[Una deidad dijo:]

¿Puede encontrarse en el mundo una persona afligida por la conciencia
que evita cometer errores, como un buen caballo no precisa del látigo?

[El Buda respondió:]

Pocos son los afligidos por la conciencia, que viven siempre atentos.
Habiendo alcanzado el final del sufrimiento, viven suavemente en lo áspero.

19

LA CABAÑA

[Una deidad dijo:]

¿No tienes una cabaña?
¿No tienes un pequeño nido?
¿Nada te enreda?
¿Estás libre de ataduras?

[El Buda respondió:]

En efecto, no tengo ninguna cabaña.
No tengo un pequeño nido.
De hecho, no tengo nada que me enrede
y estoy libre de ataduras".

[La deidad replicó:]

¿A qué crees que llamo yo "una cabaña"?
¿A qué llamo yo "un pequeño nido"?
¿A qué crees que llamo yo "una red"?
¿Y a qué llamo yo "atadura"?

[El Buda:]

Tú llamas "cabaña" a una madre;
y "pequeño nido" a una esposa.
Llamas "redes" a los hijos,
y por "atadura" tienes a los deseos.

[La deidad:]

¡Es bueno que no tengas una cabaña! ¡Es bueno que no tengas un
pequeño nido! ¡Es bueno que no tengas redes! Y qué bueno que
estés libre de ataduras".

20

CON SAMIDDHI

Así lo he oído. En cierta ocasión, el Buda moraba cerca de Rājagaha, en el parque de las Aguas Termales. Entonces el Venerable Samiddhi se levantó al amanecer y fue a las termas a bañarse. Cuando se hubo bañado y salió del agua, se secó solamente con su túnica. Entonces, ya entrada la noche, una gloriosa deidad, iluminando toda la Arboleda de Jeta, se acercó a Samiddhi y, de pie en el aire, se dirigió a él en verso:

Oh monje, pides la limosna antes de comer; no después.
Pero primero debes comer y luego buscar limosna: no dejes pasar
el tiempo.

[Samiddhi le dijo:]

Verdaderamente, no conozco el tiempo; está oculto y no se puede
ver. Por eso busco limosna antes de comer: sin dejar que el tiempo
pase por mí.

Entonces aquella deidad aterrizó en el suelo y le dijo a Samiddhi:

Has dejado el hogar siendo joven, oh monje.
Tienes el pelo oscuro, bendecido con la juventud,
en la flor de la vida,

y nunca has coqueteado con los placeres sensuales.
¡Disfruta de los placeres sensuales!
No renuncies a lo que ves en la vida presente para perseguir lo que
lleva tiempo.

[Samiddhi:]

No, buen Señor; yo renuncio a lo que es del tiempo,
para perseguir lo que veo en la vida presente.
Porque el Buda ha dicho que los placeres sensuales llevan tiempo,
con mucho sufrimiento y angustia,
y están aún más llenos de inconvenientes.
Pero esta enseñanza es realizable en esta misma vida,
inmediatamente efectiva,
invitando a la vigilancia, relevante,
para que la gente sensata pueda conocerla por sí misma.

[La deidad:]

¿Pero de qué manera, oh monje,
ha dicho el Buda que los placeres sensuales
son del tiempo, con mucho sufrimiento y angustia,
y están aún más llenos de inconvenientes?
¿Y cómo es esta enseñanza realizable en esta misma vida,
inmediatamente efectiva, invitando a la vigilancia,
relevante, para que la gente sensata pueda conocerla por sí misma?

[Samiddhi:]

Soy un recién ordenado, buen Señor,
recién salido y llegado a esta enseñanza y entrenamiento.
No soy capaz de explicar esto en detalle.
Pero el Bendito, el Perfeccionado,
el Buda plenamente Despierto,

se aloja cerca de Rājagaha en el parque de las Aguas Termales.
Deberías ir a verle y preguntarle sobre este asunto.
Y recordar la respuesta del Buda.

[La deidad:]

No es fácil para nosotros acercarnos al Buda, ya que está rodeado
de otros devas de gran influencia. Si te acercas al Buda y le pre-
guntas sobre este asunto, iré contigo y escucharemos la enseñanza.

—*Sí, buen señor* —, respondió el venerable Samiddhi. Se dirigió al Buda, se inclinó, se sentó a un lado y le contó lo sucedido.
Luego añadió:

—*Señor, si esa deidad dijo la verdad, estará cerca.*

Cuando hubo hablado, esa deidad le dijo a Samiddhi:

—*¡Pregunta, oh monje, pregunta! Pues ya he llegado.*

Entonces el Buda se dirigió a la deidad en verso:

Los seres sensibles que perciben lo visible, se establecen en lo visi-
ble. Al no comprender lo visible, caen bajo el yugo de la Muerte.
Pero habiendo comprendido plenamente lo visible, no conciben
a quien posee visión espiritual, pues no tienen nada con lo que
comparar lo que les describe.

Dime si lo entiendes, espíritu.

—*No comprendo el significado detallado de la breve declaración*
del Buda. Por favor, enséñame este asunto para que pueda com-
prender el significado con precisión.

[El Buda:]

Si consideras que "soy igual, mejor, o peor", entrarás en discusiones. Inquebrantable ante las tres discriminaciones, no tendrás el pensamiento "soy igual, mejor o peor".

Dime si lo entiendes, espíritu.

—No entiendo el significado detallado de la breve declaración del Buda. Por favor, enséñame este asunto para que pueda entender el significado con precisión.

[El Buda:]

Se ha renunciado al reconocimiento, se ha rechazado la vanidad; se ha cortado aquí mismo el deseo de nombre y forma. Han cortado los lazos, sin problemas y libres de esperanza. Aunque los dioses y los humanos los buscan tanto aquí como más allá, nunca los encuentran, ni en el cielo ni en ninguna morada.

Dime si lo entiendes, espíritu.

—Así es como entiendo el significado detallado de la breve declaración de Buda:
"Nunca debes hacer nada malo con el cuerpo, la palabra o la mente en todo el mundo. Habiendo renunciado a los placeres sensuales, atento y consciente, no deberías seguir haciendo lo que es doloroso e inútil."

SATTI VAGGA

CAPÍTULO DE LA LANZA

En Pali, "satti" significa "lanza" o "jabalina". Este término puede simbolizar algo afilado, penetrante o peligroso.

Por lo tanto, *Satti Vagga* se traduce literalmente como el "Capítulo o Sección de la Lanza". Los suttas incluidos en esta sección abordan temas relacionados con el peligro, el sufrimiento, o las dificultades que pueden ser tan penetrantes y afiladas como una lanza.

21

UNA LANZA

En Sāvatthī. De pie a un lado, una deidad recitó este verso en presencia del Buda:

Como si fuera golpeado por una lanza,
como si su cabeza estuviera en llamas,
un monje debe salir con determinación en la mente,
para renunciar al deseo sensual.

[El Buda:]

Igual que si fuera golpeado por una lanza,
como si su cabeza estuviera en llamas,
un monje debe salir con determinación en la mente,
para renunciar a la imagen de sí mismo.

22

RECEPCIÓN

[Una deidad dijo al Buda:]

Nada recibe una persona que no da a otros.
Lo que obtiene es lo que ofrece a los otros.
Por tanto, recoge lo que recibe.

[El Buda respondió:]

Si uno hace mal a quien no lo hace,
un hombre puro con un pasado intachable,
ese mal se volverá contra sí mismo,
como el polvo fino lanzado contra el viento.

23

CABELLO ENMARAÑADO

[Una deidad dijo al Buda:]

Cabellos enmarañados por dentro,
cabellos enmarañados por fuera:
esta gente está enredada en cabellos enmarañados.
Te pregunto esto, Gautama:
¿quién puede desenredar esta masa enmarañada?

[El Buda:]

Un hombre sabio cimentado en la ética,
desarrollando la mente y la sabiduría,
un monje perspicaz y autodisciplinado,
puede desenredar esta masa enmarañada.

Para aquellos que han desechado la codicia, el odio y la ignorancia
—los perfeccionados que terminaron con sus impurezas—
la maraña ha sido desenredada.

Donde el nombre y la forma cesan sin que quede nada
del contacto ni de la percepción de la forma: es allí donde se corta
la maraña.

24

BLINDAR LA MENTE

[Una deidad dijo al Buda:]

Cualquier cosa
de la que hayas protegido la mente
no puede causarte sufrimiento.
Así que deberías proteger la mente de todo
para mantenerte libre de todo sufrimiento.

[El Buda:]

Una mente que ha realizado su verdadera naturaleza
no necesita protegerse de todo.

Cuando la mente está establecida en su naturaleza esencial
queda protegida de las influencias del error.

25

UN PERFECCIONADO

[Una deidad preguntó al Buda:]

Un monje que está perfeccionado,
competente, con las impurezas extinguidas,
portando el cuerpo final,
¿diría de sí mismo "yo hablo", o incluso "ellos me hablan"?

[El Buda respondió:]

Un monje que está perfeccionado,
competente, con las impurezas extinguidas,
portando el cuerpo final
diría: "yo hablo", y también "ellos me hablan".
Hábiles, comprendiendo el uso convencional,
utilizan estos términos como nada más que simples expresiones.

[La deidad replicó:]

Un monje que es perfeccionado,
competente, con las impurezas extinguidas,
portador del cuerpo final.
¿Se acerca tal monje a la vanidad si dijera,
"yo hablo", o incluso "ellos me hablan"?

[El Buda:]

Alguien que ha renunciado a la vanidad no tiene ataduras,
está limpio de las inclinaciones a la presunción.
Aunque el sabio haya trascendido los conceptos,
aún diría, "yo hablo", y también "me hablan".
Hábil, comprendiendo el uso convencional,
utiliza estos términos como nada más que simples expresiones.

26

LÁMPARAS

[Una deidad preguntó al Buda:]

¿Qué lámparas son las que iluminan el mundo?
Hemos venido a preguntar al Buda:
¿cómo hemos de entender esto?

[El Buda respondió:]

Hay cuatro lámparas en el mundo, una quinta no se encuentra.
El sol brilla de día, la luna resplandece de noche,
mientras que el fuego arde tanto de día como de noche.
Pero un Buda es la mejor de las luces:
este es el resplandor supremo.

27

ARROYOS

[Una deidad preguntó al Buda:]

¿Desde dónde vuelven atrás los arroyos?
¿Dónde deja de girar el ciclo?
¿Dónde cesan el nombre y la forma sin que quede nada?

[El Buda respondió:]

Donde el agua y la tierra, el fuego y el aire no encuentran un
fundamento.
Desde ahí los arroyos vuelven atrás;
ahí el ciclo ya no gira;
y ahí es donde el nombre y la forma cesan sin que quede nada.

28

ACOMODADOS

[Una deidad preguntó al Buda:]

*Los acomodados y los ricos, incluso los aristócratas que gobiernan
la tierra,
son codiciosos entre sí, insaciables en placeres sensuales.*

*Entre aquellos de tal naturaleza ávida, fluyendo a lo largo de la
corriente de vidas, ¿quién aquí ha renunciado al deseo? ¿Quién
en el mundo no es ávido?*

[El Buda respondió:]

*Abandonaron su casa, a sus amados hijos y al ganado, y partieron.
Abandonaron el deseo y el odio y desecharon la ignorancia.
Los perfeccionados que terminaron con las impurezas
no son ávidos en el mundo.*

29

CUATRO RUEDAS

[Una deidad preguntó al Buda:]

Cuatro son las ruedas³, y nueve son las puertas⁴;
lleno de codicia y atado a ella,
nacido en una ciénaga...
Gran héroe, ¿cómo voy a vivir así?

---

3 En el contexto del budismo y particularmente en referencia al Canon Pali, la expresión "cuatro ruedas" (o en pali, *catu-cakka*) se refiere a los cuatro factores que conducen a la prosperidad y el éxito en la vida. Estas ruedas pueden girar en un sentido propicio o en un sentido errático, que es la forma en la que se utiliza la expresión en este sutra. Estas "cuatro ruedas" son: 1) *Patirūpadesavāsa*: vivir en un lugar adecuado o favorable; 2) *Sappurisūpassaya*: asociarse con personas buenas y sabias; 3) *Attasammāpanidhi*: establecer correctamente el yo o tener la actitud correcta y 4) *Pubbekatapuññatā*: mérito acumulado de acciones pasadas. Estas "ruedas" se consideran fundamentales para el progreso tanto material como espiritual. La metáfora de las ruedas sugiere que estos factores son los que mueven a una persona hacia una vida próspera y significativa; o a una vida carente de la misma.

4 Las "nueve puertas" se refieren a los nueve orificios del cuerpo humano: dos ojos (entrada de imágenes y estímulos visuales); dos oídos (entrada de sonidos); dos fosas nasales (entrada de olores); la boca (entrada de alimentos y salida de palabras); el orificio anal (salida de desechos sólidos); orificio genital (salida de desechos líquidos y emisiones sexuales). En el contexto de la condición mental y egoica, estas "nueve puertas" representan los canales a través de los cuales la mente interactúa con el mundo exterior y cómo estas interacciones pueden influir en el estado mental y la percepción del ego.

[El Buda respondió:]

Habiendo cortado la correa y el arnés
el deseo perverso y la codicia
y habiendo arrancado el ansia de raíz:
así es como has de vivir.

30

CRÍAS DE ANTÍLOPE

[Una deidad preguntó al Buda:]

Oh victorioso, tan flaco como la cría de un antílope, sin codicia, que come poco, que camina solo como un león o un elefante, despreocupado por los placeres sensuales. Hemos venido a hacerte una pregunta:

¿Cómo se libera uno de todo sufrimiento?

[El Buda respondió:]

Hay cinco[5] clases de estimulación sensual en el mundo, y se dice que la mente es la sexta. Cuando te has desprendido del deseo por estas, te liberas de todo sufrimiento.

---

5 Se refiere a los cinco sentidos de percepción.

SATULLAPAKĀYIKA VAGGA

CAPÍTULO DE LOS DEVAS SATULLAPAKĀYIKA

Con el término *Satullapakāyika* se denomina a un grupo de devas (deidades) conocidos como los "Devas Satullapakāyika". Son mencionados en varios textos budistas y representan una clase particular de seres celestiales que suelen estar involucrados en disputas o conflictos. La palabra puede desglosarse en "*satu*" (junto con), "*ulla*" (todos), y "*pakāyika*" (del mismo cuerpo o grupo).

31

VIRTUOSO

Así lo he oído. En cierta ocasión, Buda moraba cerca de Sāvatthī, en la Arboleda de Jeta, en el parque de Anāthapiṇḍika. Entonces, ya entrada la noche, varias gloriosas deidades del linaje Satullapa, iluminando toda la Arboleda de Jeta, se acercaron a Buda, le rindieron homenaje, se colocaron a un lado y recitaron este verso en presencia de Buda:

¡Asóciate solo con los virtuosos!
¡Trata de mantenerte cerca de los virtuosos!
Comprendiendo la verdadera enseñanza del bien,
las cosas mejoran, no empeoran.

Entonces otra deidad recitó este verso en presencia del Buda:

¡Asóciate solo con los virtuosos!
¡Trata de mantenerte cerca de los virtuosos!
Comprendiendo la verdadera enseñanza del bien,
se adquiere sabiduría, pero no de otro.

Entonces otra deidad recitó este verso en presencia del Buda:

¡Asóciate solo con los virtuosos!
¡Trata de mantenerte cerca de los virtuosos!

Comprendiendo la verdadera enseñanza del bien
no te aflijas, ni siquiera entre los que se afligen.

Entonces otra deidad recitó este verso en presencia del Buda:

¡Asóciate solo con los virtuosos!
¡Trata de mantenerte cerca de los virtuosos!
Comprendiendo la verdadera enseñanza del bien,
brillas entre tus semejantes.

Luego, otra deidad recitó este verso en presencia del Buda:

¡Asóciate solo con los virtuosos!
¡Trata de mantenerte cerca de los virtuosos!
Comprendiendo la verdadera enseñanza del bien,
los seres sensibles van a un buen lugar.

Entonces otra deidad recitó este verso en presencia del Buda:

¡Asóciate solo con los virtuosos!
¡Trata de mantenerte cerca de los virtuosos!
Comprendiendo la verdadera enseñanza del bien,
los seres sensibles viven felices.

Entonces otra deidad dijo al Buda:

Señor, ¿quién ha hablado bien?

[El Buda respondió:]

Todos habéis hablado bien a vuestra manera.
Sin embargo, escuchadme también a mí:

¡Asociaos solo con los virtuosos!
¡Intentad estar cerca de los virtuosos!
Comprendiendo la verdadera enseñanza del bien,
os liberaréis de todo sufrimiento.

Eso es lo que dijo el Buda. Entonces aquellas deidades, sabiendo que el maestro lo aprobaba, se inclinaron y rodearon respetuosamente al Bienaventurado, manteniéndolo a su derecha, antes de desvanecerse allí mismo.

32

AVARICIA

En cierta ocasión, el Buda moraba cerca de Sāvatthī, en la Arboleda de Jeta, en el parque de Anāthapiṇḍika. Entonces, ya entrada la noche, varias gloriosas deidades del linaje Satullapa, iluminando toda la Arboleda de Jeta, se acercaron al Buda, se inclinaron y se colocaron a un lado. De pie a un lado, una deidad recitó este verso en presencia del Buda:

A causa de la avaricia y la negligencia
uno deja de regalar y ofrecer.
Aspirando a acumular mérito,
una persona sabia sería generosa.

Luego, otra deidad recitó estos versos en presencia del Buda:

Cuando un avaro no da debido al miedo,
la misma cosa que teme es lo que sucede.
El hambre y la sed que espantan al avaro
dañan al tonto en este mundo y en el otro.
Así que debes disipar la avaricia,
superar esa mancha, y hacer ofrendas.
Las buenas acciones de los seres sensibles
generan causas positivas para el otro mundo.

Entonces otra deidad recitó estos versos en presencia del Buda:

Entre los muertos no mueren aquellos
que, como compañeros de viaje en el camino,
se alegran de proveer, aunque tengan poco.
Este es un principio antiguo.
Algunos que tienen poco se alegran de proveer,
mientras que algunos que tienen mucho no desean dar.
Una ofrenda dada por alguien que tiene poco se multiplica mil
veces.

Entonces otra deidad recitó estos versos en presencia del Buda:

Dar lo que es difícil de dar,
haciendo lo que es arduo de hacer;
los malvados no actúan así,
pues la enseñanza del bien es difícil de seguir.

Por eso los virtuosos y los malvados
tienen destinos diferentes después de dejar este lugar.
Los malvados van a las dimensiones infernales
mientras que los virtuosos van a los reinos celestes.

Entonces otra deidad le dijo al Buda:

Señor, ¿quién ha hablado bien?

[El Buda respondió:]

Todos habéis hablado bien a vuestra manera.
Sin embargo, escuchadme también:

Cien mil personas haciendo mil sacrificios
no valen ni una fracción de uno que vive correctamente,

vagando en busca de espigas
para mantener a su familia con lo poco que tiene.

Entonces otra deidad se dirigió al Buda en verso:

¿Por qué los mil sacrificios de cien mil personas,
tan abundantes y magníficos,
no igualan el valor del ofrecimiento de una persona correcta?

¿Cómo es que cien mil personas haciendo mil sacrificios
no valen ni una fracción de lo que entrega una persona así?

[El Buda respondió:]

Algunas ofrendas se basan en actos inmorales previos.
Se dan después de haber herido, matado y extorsionado.
Tales ofrendas procedentes de un origen desgarrador y violento,
de ninguna manera iguala el valor
de la ofrenda de una persona moral.
Así es como cien mil personas haciendo mil sacrificios
no valen ni una fracción de lo que ofrece una persona recta.

33

BUENO

En Sāvatthī. Ya entrada la noche, varias gloriosas deidades del linaje Satullapa, iluminando toda la Arboleda de Jeta, se acercaron al Buda, le rindieron homenaje y se pusieron a un lado. De pie a un lado, una deidad pronunció estas palabras de inspiración en presencia del Bienaventurado:

¡Bueno, Señor, es dar!
A causa de la avaricia y la negligencia
no se hacen regalos ni ofrecimientos.
Conociendo la importancia de generar méritos,
una persona sabia sería generosa.

Entonces otra deidad pronunció estas palabras de inspiración en presencia del Buda:

¡Bueno, Señor, es dar!
Incluso cuando uno tiene poco, dar es bueno.
Algunos que tienen poco se alegran de dar,
mientras que otros que tienen mucho nada ofrecen.
Una ofrenda dada por alguien que tiene poco se multiplica mil
veces.

Entonces otra deidad pronunció estas palabras de inspiración en presencia del Buda:

¡Bueno, Señor, es dar!
Incluso cuando uno tiene poco, dar es bueno.
Y también es bueno dar por fe.
Dar y guerrear son similares, dicen,
porque incluso unos pocos de los buenos
pueden conquistar a los muchos.
Si una persona fiel da incluso un poco,
le traerá felicidad en el más allá.

Entonces otra deidad pronunció estas palabras de inspiración en presencia del Buda:

¡Bueno, Señor, es dar!
Incluso cuando uno tiene poco, dar es bueno.
Y también es bueno dar por fe.
Y también es bueno dar riqueza legítima.
Un hombre que da riqueza legítima,
ganada con su esfuerzo e iniciativa,
ha pasado el río Vetaraṇī[6] de Yama[7];
ese mortal llega a los campos celestes.

Entonces otra deidad pronunció estas palabras de inspiración en presencia del Buda:

---

6   El río Vetaraṇī es descrito como un río infernal que los seres deben cruzar en el más allá, bajo la supervisión de Yama, el señor de la muerte y juez de los muertos. Este río es a menudo asociado con sufrimiento y penurias extremas.

7   En la cosmología budista, Yama es el deva que preside sobre los muertos y juzga las acciones de los seres después de su muerte. Aquellos que han acumulado mal karma durante sus vidas deben enfrentarse a Yama y, a menudo, cruzar el río Vetaraṇī como parte de su experiencia en el inframundo.

¡Bueno, Señor, es dar!
Incluso cuando uno tiene poco, dar es bueno.
Y también es bueno dar por fe.
Y también es bueno dar riqueza legítima.
Y también es bueno dar con inteligencia.
El Santo alaba dar sabiamente
a aquellos dignos de ofrendas aquí en el mundo de los vivos.
Lo que se da a estos es muy fructífero,
como semillas sembradas en un campo fértil.

Entonces otra deidad pronunció estas palabras de inspiración en presencia del Buda:

¡Bueno, Señor, es dar!
Incluso cuando uno tiene poco, dar es bueno.
Y también es bueno dar por fe.
Y también es bueno dar riqueza legítima.
Y también es bueno dar con inteligencia.
Y también es bueno ser considerado cuando se trata de seres vivos.
Quien vive sin dañar a los seres vivos
nunca hace el mal a causa de los demás;
los negligentes alaban al cobarde, no al valiente;
y el virtuoso nunca hace el mal por miedo.

Entonces otra deidad dijo al Buda:

Señor, ¿quién ha hablado bien?

[El Buda respondió:]

Todos habéis hablado bien a vuestra manera. Sin embargo, escuchadme también:

Es cierto que dar es alabado de muchas maneras,
pero cultivar las enseñanzas es mejor que dar,
pues a causa de ellas los sabios y virtuosos
alcanzaron la disolución de lo ilusorio.

34

NO HAY NINGUNO

En cierta ocasión, Buda moraba cerca de Sāvatthī, en la Arboleda de Jeta, en el parque de Anāthapiṇḍika. Entonces, ya entrada la noche, varias gloriosas deidades del linaje Satullapa, iluminando toda la Arboleda de Jeta, se acercaron al Buda, le rindieron homenaje y se colocaron a un lado. De pie a un lado, una deidad recitó este verso en presencia del Bienaventurado:

Entre los humanos no hay placeres sensuales que sean permanentes.
Aquí hay cosas deseables, atadas a las cuales,
embriagadas en las cuales, no hay vuelta atrás.
Esa persona no regresa aquí del dominio de la Muerte.

La miseria nace del deseo; el sufrimiento nace del deseo;
cuando se elimina el deseo, se elimina la miseria;
cuando se elimina la miseria, se elimina el sufrimiento.

Las cosas bonitas del mundo no son los placeres sensuales.
La intención codiciosa es el placer sensual de una persona.
Las cosas bonitas del mundo permanecen tal como son,
pero un sabio no queda condicionado por el deseo de ellas.

Debes renunciar a la ira, deshacerte del orgullo
y superar todas las trabas.

Los sufrimientos no atormentan a quien no tiene nada,
ni se aferra al nombre ni a la forma.

Renunciando a la ira, se ha rechazado el orgullo;
se ha cortado aquí mismo el ansia por el nombre y la forma.
Quedan cortados los lazos, sin problemas y libres de esperanza.
Aunque los dioses y los humanos los buscan tanto aquí como más allá,
nunca los encuentran, ni en el cielo ni en ninguna morada.

—*Si ni los dioses ni los humanos ven a uno liberado de este modo ni aquí ni más allá,* —dijo el venerable Mogharāja, —¿*son dignos de alabanza también quienes veneran al mejor de los hombres, que vive por el bien de la humanidad?*

—*Los monjes que veneran a uno liberado de esta manera son también dignos de alabanza, Mogharāja*—, dijo el Buda —*pero habiendo comprendido la enseñanza y abandonado la duda, esos monjes pueden superar su aferramiento.*

35

DESDÉN

En cierta ocasión, el Buda moraba cerca de Sāvatthī, en la Arboleda de Jeta, en el parque de Anāthapiṇḍika. Entonces, ya entrada la noche, un grupo de devas con voluntad despreciativa, iluminando toda la Arboleda de Jeta, se acercaron hasta el Victorioso, y suspendidos de pie en el aire, uno de ellos recitó este verso en presencia del Bienaventurado:

Alguien que realmente es de una manera, pero se muestra de otra, es como un jugador tramposo que disfruta de lo que ha ganado robando.

[Otro de los devas allí presente añadió:]

Solo debes hablar de aquello que haces;
y nunca de lo que no practicas.
El sabio reconocerá a quien no predica con el ejemplo.

[El Buda respondió:]

No solo hablando, ni solo escuchando,
eres capaz de progresar en este camino exigente,
por el que los sabios que practican la meditación
se liberan de las ataduras de Māra.

Los sabios ciertamente no se dejan dominar
pues comprenden los caminos del mundo.
Por su comprensión y discernimiento de las enseñanzas
han superado el aferramiento a la existencia.

Entonces aquellos devas descendieron a tierra, rindieron homenaje a los pies del Buda y dijeron:

Hemos cometido un error, Señor.
Fue una tontería, una estupidez
y una falta de habilidad por nuestra parte
imaginar que podíamos desdeñar al Buda.
Por favor, Señor, perdonad nuestros errores,
de manera que no volvamos a cometerlos en el futuro.

El Buda sonrió indiferente.

Entonces aquellas deidades, comprendiendo aún más la gravedad de su falta, se elevaron por los aires. Y uno de aquellos devas recitó este verso en presencia del Buda:

El que no ofrece perdón sabiendo que se ha errado,
ocultando su ira y el peso de su odio,
se aferra a la enemistad.

[El Buda respondió:]

Si no se percibe ningún error,
si nadie oculta la ira ni pesa odio alguno,
entonces la enemistad no surge.

[Otro deva:]

¿Quién no comete errores?
¿Quién no se extravía?
¿Quién no cae en la confusión?
¿Quién es el sabio que siempre está atento?

El Realizado, el Buda,
compasivo con todos los seres:
ese es quien no comete errores,
y ese es quien no se extravía.
No cae en la confusión,
porque el Bienaventurado siempre está atento.

[El Buda respondió:]

Si no perdonas cuando se confiesa un error,
ocultando la ira y el peso del odio,
te aferras a la enemistad.
Yo no concibo la enemistad,
y por eso paso por alto vuestra falta.

36

FE

En cierta ocasión, el Buda moraba cerca de Sāvatthī, en la Arboleda de Jeta, en el parque de Anāthapiṇḍika. Entonces, ya entrada la noche, varios devas gloriosos del linaje Satullapa, iluminando toda la Arboleda de Jeta, se acercaron al Victorioso, le rindieron homenaje y se colocaron a un lado. De pie a un lado, uno de ellos recitó este verso en presencia del Bienaventurado:

La fe es la compañía de una persona.
Cuando dejamos atrás la falta de fe
su fama y renombre crecen,
y esa persona va al cielo cuando abandona el cuerpo.

Entonces otro deva recitó estos versos en presencia del Buda:

Hay que renunciar a la ira, deshacerse del orgullo
y superar todas las ataduras.
Los apegos no atormentan al que no tiene posesiones
porque no se aferra al nombre ni a la forma.

[Otro deva dijo:]

Los necios y poco inteligentes actúan con descuido.
Pero los sabios protegen la diligencia como su mejor tesoro.

No te dediques a la negligencia,
ni te deleites en la sensualidad.
Pues si eres diligente y practicas la meditación,
alcanzarás la más alta felicidad.

37

LA CONGREGACIÓN

Esto he oído. En cierta ocasión, el Buda se encontraba en la tierra de los Sakyans, cerca de Kapilavatthu, en el Gran Bosque, junto con una gran Saṅgha de unos quinientos monjes, todos ellos perfeccionados. Y la mayoría de las deidades de diez sistemas solares se habían reunido para ver al Bienaventurado y a la Saṅgha de monjes. Entonces cuatro deidades de las Moradas Puras, conscientes de lo que estaba ocurriendo, pensaron:

¿Por qué no vamos al Buda y recitamos cada uno un verso en su presencia?

Entonces, con la misma facilidad con que una persona fuerte extendería o contraería su brazo, desaparecieron de las Moradas Puras y reaparecieron frente al Buda. Se inclinaron ante el Bienaventurado y se colocaron a un lado. De pie a un lado, una deidad recitó este verso en su presencia:

Hay una gran congregación en el bosque, una hueste de dioses se ha reunido.
¡Hemos venido a esta justa congregación para ver a la invencible Saṅgha!

Entonces otra deidad recitó este verso en presencia del Buda:

*Los monjes de allí conocen por la meditación, así han enderezado
sus propias mentes.*
*Como un auriga que ha tomado las riendas, los astutos protegen
sus sentidos.*

Entonces otra deidad recitó este verso en presencia del Buda:

*Habiendo cortado lo estéril y las limitaciones
permanecen impasibles, viven puros y vigorosos,
como jóvenes dragones domados por la visión.*

Entonces otra deidad recitó este verso en presencia del Buda:

*Cualquiera que haya acudido al Buda en busca de refugio
no irá a un reino inferior.
Tras abandonar este cuerpo humano,
engrosarán las huestes de los dioses.*

38

UNA ASTILLA

Esto he oído. En cierta ocasión, el Buda se encontraba cerca de Rājagaha, en el parque de ciervos de Maddakucchi. En aquel momento el Victorioso se cortó el pie con una astilla. El Bienaventurado sintió un dolor atroz; sensaciones físicas dolorosas, punzantes, severas, agudas, incómodas y desagradables. Pero lo soportó con paciencia y conciencia plena , sin preocuparse. Luego extendió su túnica doblada en cuatro y se tumbó en la postura del león, sobre el costado derecho, colocando un pie sobre el otro, en contemplación.

Entonces, ya entrada la noche, varias gloriosas deidades del linaje Satullapa, que iluminaban todo el Maddukucchi, se acercaron al Buda, le rindieron homenaje y se colocaron a un lado. De pie a un lado, una deidad pronunció estas palabras de inspiración en presencia del Buda:

¡El asceta Gautama es como un elefante, Señor!
Y como elefante, soporta las sensaciones físicas dolorosas que han surgido
—punzantes, severas, agudas, incómodas y desagradables—
con paciencia y conciencia plena de la situación, sin preocuparse.

Entonces otra deidad pronunció estas palabras de inspiración en presencia del Buda:

¡El asceta Gautama es como un león, Señor!
Y como un león, soporta las sensaciones físicas dolorosas que han surgido
—punzantes, severas, agudas, incómodas y desagradables—
con paciencia y conciencia plena de la situación, sin preocuparse.

Entonces otra deidad pronunció estas palabras de inspiración en presencia del Buda:

¡El asceta Gautama es como un purasangre, Señor!
Y como un purasangre, soporta las sensaciones físicas dolorosas que han surgido
—punzantes, severas, agudas, incómodas y desagradables—
con paciencia y conciencia plena de la situación, sin preocuparse.

Entonces otra deidad pronunció estas palabras de inspiración en presencia del Buda:

¡El asceta Gautama es como un toro dominante, Señor!
Y como toro dominante, soporta las sensaciones físicas dolorosas que han surgido
—punzantes, severas, agudas, incómodas y desagradables—
con paciencia y conciencia plena de la situación, sin preocuparse.

Entonces otra deidad pronunció estas palabras de inspiración en presencia del Buda:

¡El asceta Gautama es un gigante, Señor!
Y como gigante que es, soporta las sensaciones físicas dolorosas que han surgido

—punzantes, severas, agudas, incómodas y desagradables—
con paciencia y conciencia plena de la situación, sin preocuparse.

Entonces otra deidad pronunció estas palabras de inspiración
en presencia del Buda:

¡El asceta Gautama está verdaderamente templado, Señor!
Y como alguien templado, soporta las sensaciones físicas dolorosas
que han surgido
—punzantes, severas, agudas, incómodas y desagradables—
con paciencia y conciencia plena de la situación, sin preocuparse.

Entonces otra deidad pronunció estas palabras de inspiración
en presencia del Buda:

Mirad, su absorción meditativa está altamente desarrollada, y su
mente bien liberada: no se inclina hacia delante ni se echa hacia
atrás, y no se mantiene en su lugar por una resistencia forzada. Si
alguien imagina que puede vencer a semejante elefante, a seme-
jante león, a semejante purasangre, a semejante toro, a semejante
gigante, a semejante hombre templado, ¿qué es eso sino una falta
de visión?

Eruditos en los cinco Vedas, los brahmanes practican la mortifi-
cación durante un siglo entero. Pero sus mentes no son liberadas
apropiadamente, porque aquellos de carácter básico no cruzan a
la orilla lejana[8].

---

8 En los discursos del Buda, la expresión "la otra orilla" es una metáfora pode-
rosa y recurrente que se utiliza para describir el estado de liberación o nirvana.
Esta metáfora proviene de la imagen de cruzar un río, donde la orilla de partida
representa la existencia samsárica (ciclo de nacimiento, muerte y renacimiento) llena de sufrimiento y la otra orilla representa la liberación del sufrimiento
y el logro del nirvana.

Atrapados por el ansia, apegados a preceptos y observancias, practican la mortificación ruda durante cien años. Pero sus mentes no se liberan adecuadamente, porque aquellos de carácter básico no cruzan a la orilla lejana.

Alguien aficionado al orgullo no puede ser templado, y alguien sin absorción meditativa no puede ser un sabio. Viviendo negligentemente solos en la naturaleza salvaje, no pueden pasar más allá del dominio de la Muerte.

Habiendo renunciado al orgullo, sereno dentro de uno mismo, con un corazón sano, liberado en todas partes; viviendo diligentes solos en la naturaleza salvaje, pasan más allá del dominio de la Muerte.

39

CON LA HIJA DE PAJJUNNA

1ª PARTE

Esto he oído. En cierta ocasión, Buda moraba cerca de Vesālī, en el Gran Bosque, en la cabaña con el tejado de picos. Entonces, ya entrada la noche, la hermosa Kokanadā, la joven hija de Pajjunna, iluminando el Gran Bosque, se acercó al Buda, le rindió homenaje, se colocó a un lado y recitó estos versos en presencia de Buda:

Permaneciendo en el bosque de Vesālī está el Buda, el mejor de los seres.
Kokanadā soy yo, que le venero,
Kokanadā, la hija de Pajjuna.

Anteriormente solo había oído la enseñanza realizada por el Victorioso.
Pero ahora la conozco y soy su testigo, mientras el Sabio y Santo enseña.

Hay personas poco inteligentes que van por ahí denunciando la noble enseñanza. Caen en el terrible Infierno de los Gritos donde sufren largo tiempo.

Hay quienes han encontrado aceptación y paz en la noble enseñanza.
Después de abandonar este cuerpo humano, engrosan las huestes de los dioses.

40

CON LA HIJA DE PAJJUNNA

2ª PARTE

Así lo he oído. En cierta ocasión, el Buda moraba cerca de Vesālī, en el Gran Bosque, en la cabaña con el tejado de picos. Entonces, ya entrada la noche, la hermosa Kokanadā, la joven hija de Pajjunna, iluminando el Gran Bosque, se acercó al Bienaventurado, se inclinó, se colocó a un lado y recitó estos versos en presencia del Buda:

Kokanadā, la hija de Pajjunna, llegó aquí, hermosa como un relámpago. Reverenciando al Buda y la enseñanza, pronunció estos versos llenos de significado.

La enseñanza es tal que podría analizarla de muchas maneras diferentes.
Sin embargo, expondré brevemente su significado hasta donde la he comprendido.

Nunca debes hacer nada malo de cuerpo, palabra o mente en ningún mundo. Habiendo renunciado a los placeres sensuales, atento y consciente,
no deberías seguir haciendo lo que es doloroso e inútil.

ĀDITTA VAGGA

EL CAPÍTULO DE LAS LLAMAS

Āditta ("llamas" o "lo ardiente") es el título de esta sección, que se traduce como el "Capítulo en Llamas" o "Sección de lo Ardiente".

El *Āditta Vagga* generalmente incluye discursos que tratan sobre la impermanencia (*anicca*), el sufrimiento (*dukkha*) y el no-yo (*anatta*), utilizando la metáfora del fuego y lo ardiente para ilustrar cómo las pasiones y los apegos conllevan dolor. Estos suttas enfatizan la necesidad de desapegarse de las cosas mundanas y practicar la enseñanza de Buda para extinguir el "fuego" del deseo y los apegos.

41

EN LLAMAS

Así lo he oído. En cierta ocasión, el Buda moraba cerca de Sā-vatthī, en la Arboleda de Jeta, en el parque de Anāthapiṇḍika. Entonces, ya entrada la noche, una gloriosa deidad, iluminando toda la Arboleda de Jeta, se acercó al Bienaventurado, le rindió homenaje, se colocó a un lado y recitó estos versos en su presencia:

Cuando tu casa se incendia,
rescatas la vasija que es útil,
no la que está quemada.

Y como el mundo está ardiendo con la vejez y la muerte,
debes rescatarlo ofreciéndote, porque lo que se da se rescata.

Lo que se da y se siembra tiene como fruto la felicidad,
pero lo que no se da ni se siembra no produce fruto,
lo arrebatan los bandidos o los gobernantes,
lo consume el fuego, o se pierde.

Al final, este cadáver es desechado,
junto con todas sus posesiones.
Sabiendo esto, una persona sabia
disfruta de lo que tiene con desapego y también lo ofrece.
Después de usar y ofrecer según sus medios,
sin culpa, van a un reino celestial.

42

¿DAR QUÉ?

[Un deva preguntó:]

¿Dar lo que te da fuerza?
¿Dar lo que te da belleza?
¿Dar lo que te da felicidad?
¿Dar lo que te da visión?
¿Y quién es el dador de todo?
Por favor, responde a mi pregunta.

[El Buda respondió:]

Dando comida das fuerza.
Dando ropa das belleza.
Dando un vehículo das felicidad.
Dando una lámpara das visión.
Y el dador de todo es el que da un hogar.
Pero alguien que enseña el Dhamma entrega el don de lo Inmortal.

43

COMIDA

[Un deva preguntó:]

Tanto a los dioses como a los humanos les gusta la comida.
Entonces, ¿cómo se llama el espíritu al que no le gusta la comida?

[El Buda aclaró:]

Aquellos que dan con fe y un corazón puro y confiado,
participan de la comida en este mundo y en el otro.
Así que debes disipar la avaricia,
superar esa mancha, y dar con generosidad.
Las buenas acciones de los seres sintientes
les servirán de apoyo en el otro mundo.

44

UNA RAÍZ

Una es la raíz,
dos son los remolinos,
tres son las manchas,
cinco las propagaciones,
el océano con sus doce torbellinos:
tal es el abismo que ha trascendido el sabio.

45

ELEVADO

El de nombre sin igual que ve la meta sutil;
dador de sabiduría,
sin ataduras al reino de la sensualidad:
vedle, el omnisciente, tan inteligente,
el gran vidente que camina por el noble camino.

46

NINFAS

[Un deva:]

Influenciada por un grupo de ninfas,
embrujada por huestes de demonios,
esta arboleda hechizada se llama "Delirio".
¿Cómo voy a vivir así?

[El Buda:]

El camino es llamado "el Noble Sendero",
y se dirige al lugar llamado "sin miedo".
El vehículo se llama "inquebrantable",
equipado con ruedas de pensamientos hábiles.

La conciencia es su respaldo
y la atención plena su tapizado.
Yo digo que la enseñanza es el conductor,
con la visión recta corriendo delante.

Cualquier mujer u hombre que disponga de tal vehículo,
se acercará por medio de este a la extinción de sí mismo[9].

---

9 En el budismo, la expresión "extinción de sí mismo" se refiere a la realiza-

47

PLANTADORES

[Un deva preguntó:]

¿Quiénes son aquellos cuyo mérito crece de día y de noche,
firmes en sus principios,
fieles al Dhamma,
y van a los reinos celestes?

[El Buda respondió:]

Plantadores de parques y arboledas,
constructores de puentes,
horadadores de pozos que propician lugares para beber,
y ofrecen un hogar donde vivir...

---

ción de nirvana (*nibbāna* en Pali), el estado de liberación y supresión de las aflicciones y el sufrimiento. Este concepto está profundamente ligado a las enseñanzas sobre la naturaleza del yo (*anattā*) y la erradicación de los tres fuegos o venenos: la codicia (*lobha*), el odio (*dosa*) y la ignorancia (*moha*). Nirvana literalmente significa "extinguir" o "apagar". En el contexto budista, se refiere a la extinción de las aflicciones y el sufrimiento. No es un lugar o estado positivo de existencia, sino más bien la ausencia de *dukkha* (sufrimiento) y la completa liberación del ciclo de nacimiento y muerte (*samsara*). En este estado, el practicante ha superado todas las formas de apego, aversión e ignorancia.

Su mérito crece de día y de noche,
firmes en sus principios,
fieles al Dhamma,
van a los reinos celestes.

48

LA ARBOLEDA DE JETA

[Un deva:]

Ésta es en verdad la Arboleda de Jeta,
frecuentada por la Saṅgha de los que lograron visión,
donde se alojó el Rey del Dhamma:
¡este lugar me trae alegría!

Actos rectos, conocimiento y verdad;
conducta ética y excelente;
por estos principios son purificados los mortales,
no por los clanes o la riqueza.

Por eso una persona sabia,
viendo lo que es bueno para sí,
examina la enseñanza minuciosamente,
y así se purifica por ella.

Sāriputta[10] *tiene verdadera sabiduría,*
ética y también paz.
Cualquier monje que haya ido más allá
puede, en el mejor de los casos, igualarle.

---

10 . Śāriputra (en pali Sāriputta, y en japonés Sharihotsu) fue uno de los diez principales discípulos de Śākyamuni Buda, conocido como el mayor en sabiduría.

49

AVARICIA

[Un deva preguntó:]

Aquella gente en el mundo que es avara,
miserable y abusiva,
poniendo obstáculos a los que dan.

¿Qué clase de resultado cosechan?
¿Qué clase de vida futura?
Hemos venido a preguntar al Buda;
¿cómo vamos a entender esto?

[El Buda respondió:]

Aquella gente en el mundo que es avara,
miserable y abusiva,
poniendo obstáculos a los que dan:
renacen en el infierno,
el reino animal, o el mundo de Yama.
Si vuelven al estado humano,
nacen en una familia pobre,
donde la ropa, la comida, el placer y el juego
son difíciles de encontrar.
Ni siquiera reciben lo que esperan de los demás.

Este es el resultado en la vida presente,
y en la próxima, un mal destino.

[Otro deva preguntó:]

Entendemos lo que has dicho;
y hacemos otra pregunta, Gautama:
¿Qué hay de aquellos
que han alcanzado el estado humano,
que son amables y están libres de avaricia,
tienen confianza en el Buda, en la enseñanza,
y un profundo respeto por la Saṅgha?
¿Qué tipo de resultado cosechan?
¿Qué tipo de vida futura?
Hemos venido a preguntar al Buda;
¿cómo hemos de entender esto?

[El Buda respondió:]

Aquellos que han obtenido el estado humano
que son bondadosos y están libres de avaricia,
confiados en el Buda y en la enseñanza,
con profundo respeto por la Saṅgha:
iluminan los cielos dondequiera que renazcan.
Si vuelven al estado humano,
renacen en una familia rica,
donde la ropa, la comida, el placer y el juego
son fáciles de encontrar.
Su regocijo es como el de aquellos
que no son controlados por las posesiones de los demás.
Este es el resultado en la vida presente,
y en la próxima, un buen destino.

50

CON GHAṬIKĀRA

[Ghaṭikāra:]

Siete monjes renacidos en Aviha
han sido liberados.
Habiendo puesto fin a la codicia y el odio,
han trascendido los apegos al mundo.

[El Buda:]

¿Quiénes son los que han cruzado el pantano,
dominio de la Muerte
tan difícil de franquear?
¿Quiénes, tras dejar atrás el cuerpo humano,
se han elevado por encima de los dominios celestiales?

[Ghaṭikāra:]

Upaka y Palagaṇḍa, y Pukkusāti, estos tres;
Bhaddiya y Bhaddadeva, y Bāhudantī y Piṅgiya.
Ellos, después de dejar atrás el cuerpo humano,
se han elevado por encima de los dominios celestiales.

[El Buda:]

Hablas bien de ellos,
que han dejado atrás las trampas de Māra.
¿De quién fue la enseñanza que entendieron
para cortar las ataduras del renacimiento?

[Ghaṭikāra:]

¡Ninguna otra que la del Bendito!
¡Ninguna otra que su instrucción!
Fue tu enseñanza la que entendieron
para cortar las ataduras del renacimiento.

Donde el nombre y la forma
cesan sin que quede nada;
comprendiendo esta enseñanza,
cortaron los lazos del renacimiento.

[El Buda:]

Las palabras que dices son profundas,
difíciles de entender y muy difíciles de realizar.
¿De quién es la enseñanza que has comprendido
para poder decir tales cosas?

[Ghaṭikāra:]

En el pasado yo era un alfarero en Vebhaliṅga llamado Ghaṭikāra.
Yo cuidaba de mis padres como un seguidor laico de Buda Kassapa.
Me abstuve de mantener relaciones sexuales, era célibe, no carnal.
Vivíamos en el mismo pueblo; en el pasado fui tu venerable amigo.

Yo soy el que entiende que estos siete monjes han sido liberados.
Habiendo puesto fin a la codicia y el odio,
han trascendido los apegos al mundo.

[El Buda:]

Así fue exactamente, tal como dices, Bhaggava.
En el pasado eras un alfarero en Vebhaliṅga llamado Ghaṭikāra.
Te hiciste cargo de tus padres como un seguidor laico de Buda Kassapa.
Te abstuviste de tener relaciones sexuales, eras célibe, no carnal.
Vivíamos en el mismo pueblo; en el pasado fuiste mi venerable amigo.

Así fue como aquellos venerables amigos de antaño se reencontraron. Ambos se han realizado por completo y llevan su cuerpo definitivo.

JARĀ VAGGA

CAPÍTULO DE LA VEJEZ

En Pali, "jarā" significa "vejez" o "decadencia". Es una de las condiciones inevitables de la vida humana, frecuentemente discutida en el budismo en el contexto de la impermanencia y el sufrimiento.

Esta sección aborda la naturaleza inevitable del envejecimiento y su relación con el sufrimiento (*dukkha*), un tema central en las enseñanzas budistas.

El Jarā Vagga del Devatā Saṃyutta en el Saṃyutta Nikāya ofrece profundas enseñanzas sobre la vejez y la caducidad de la existencia, subrayando la importancia del desapego, la sabiduría y la práctica meditativa. Estas enseñanzas son esenciales no solo para comprender el sufrimiento inherente al ámbito de la manifestación, sino también para cultivar una actitud de aceptación y ecuanimidad frente a la inevitable realidad del envejecimiento.

51

LA VEJEZ

[Un deva preguntó:]

¿Qué sigue siendo bueno en la vejez?
¿Qué cosas buenas tienen un firme fundamento?
¿Cuál es el tesoro de los seres?
¿Qué es difícil que se lleven los ladrones?

[El Buda respondió:]

La ética sigue siendo buena en la vejez.
La fe posee un fundamento firme.
La sabiduría es el tesoro de los seres.
El mérito es difícil de arrebatar para los ladrones.

52

LO QUE NO ENVEJECE

[Un deva preguntó:]

¿Qué es bueno porque nunca envejece?
¿Qué es bueno cuando se establece el compromiso?
¿Cuál es el tesoro de los seres?
¿Qué es lo que los ladrones nunca pueden llevarse?

[El Buda respondió:]

La ética es buena porque nunca envejece.
La fe es buena cuando es comprometida.
La sabiduría es el tesoro de los seres.
Los méritos es lo que los ladrones nunca pueden llevarse.

53

UN VENERABLE AMIGO

[Un deva preguntó:]

¿Quién es tu venerable amigo en el extranjero?
¿Quién es tu venerable amigo en casa?
¿Quién es tu venerable amigo en la necesidad?
¿Quién es tu venerable amigo en la otra vida?

[El Buda respondió:]

Una caravana es tu venerable amigo en el extranjero.
Una madre es tu amiga en casa.
Un camarada en tiempos de necesidad es tu venerable amigo una
y otra vez.
Pero las buenas acciones que tú has hecho... esas son tu amigo en
la otra vida.

54

FUNDAMENTOS

[Un deva preguntó:]

¿Cuál es el fundamento de los seres humanos?
¿Cuál es su mejor compañero?
¿Con qué sustentan su vida
las criaturas que viven de la tierra?

[El Buda respondió:]

Los hijos son el fundamento de los seres humanos.
La esposa es la mejor compañera.
Las criaturas que viven de la tierra
sustentan su vida con la lluvia.

55

DAR NACIMIENTO

1ª PARTE

[Un deva preguntó:]

¿Qué da lugar al nacimiento de una persona?
¿Qué propicia ese movimiento?
¿Qué es lo que renace[11]?
¿Cuál es su mayor temor?

[El Buda respondió:]

El deseo da a luz a una persona.
Su mente es lo que se mueve.
Un ser sintiente es lo que renace.
El sufrimiento es su mayor temor.

---

11   En el budismo la palabra Samsāra, es traducida como "océano de sufrimiento". Este término se utiliza en las enseñanzas para designar el "estado de ignorancia" responsable de generar karma negativo (ley de causa y efecto). Según estas enseñanzas es la ignorancia primordial, el desconocimiento de nuestra verdadera naturaleza de la mente, lo que perpetúa los ciclos de nacimiento, vida, muerte y renacimiento interminables, que seguirán generándose mientras sigamos sin conocerla. Como concepto análogo tenemos el Nirvana, la "realización o despertar" a nuestra verdadera naturaleza fundamental búdica e innata, que propicia la liberación de todos los sufrimientos producidos por ese estado de ignorancia que ha dado lugar al Samsāra.

56

DAR NACIMIENTO

2ª PARTE

[Un deva preguntó:]

¿Qué da lugar al nacimiento de una persona?
¿Qué propicia ese movimiento?
¿Qué es lo que renace?
¿De qué no son libres?

[El Buda respondió:]

El deseo da lugar al nacimiento de una persona.
Es la mente la que propicia ese movimiento.
Un ser sintiente es lo que renace.
No son libres del sufrimiento.

57

DAR NACIMIENTO

3ª PARTE

[Un deva:]

¿Qué da lugar al nacimiento de una persona?
¿Qué propicia ese movimiento?
¿Qué es lo que renace?
¿Cuál es su destino?

[El Buda:]

El deseo da lugar al nacimiento de una persona.
Es la mente la que propicia ese movimiento.
Un ser sintiente es lo que renace.
Sus actos[12] generan su destino.

---

12 Según la ley de causa y efecto (o ley del karma), nuestro destino está directamente relacionado con los actos que hemos generado a lo largo de nuestras sucesivas e innumerables encarnaciones.

58

DESVIACIÓN

[Un deva preguntó:]

¿Qué se declara como desviación?
¿Qué va menguando con cada día y noche?
¿Qué es la mancha del celibato?
¿Qué es el baño sin agua?

[El Buda respondió:]

La lujuria es declarada una desviación.
La juventud va menguando con cada día y noche.
El apego sensual a otro cuerpo es la mancha del celibato,
a la que se aferra esta generación.
La austeridad y el celibato son el baño sin agua.

59

UN COMPAÑERO

[Un deva preguntó:]

¿Cuál es la compañía de una persona?
¿Qué les instruye?
¿Disfrutando de qué
se libera un mortal de todo sufrimiento?

[El Buda respondió:]

La fe es la compañía de una persona.
La sabiduría los instruye.
Disfrutando la extinción del yo[13]
un mortal se libera de todo sufrimiento.

---

13 Respecto a la noción de "yo" en el budismo, el lama Kyabje Kalu Rimpoche señala en su obra *Espejo de cristal* lo siguiente: «Desde tiempos sin principio nuestra mente ha sido nublada por la ignorancia fundamental, la ignorancia que impide que la mente realice o perciba su propia naturaleza; debido a esto, la mente se involucra en un aferramiento egoísta creciente, desarrollando la tendencia y hábito de pensar en términos de "yo", "mío" o ego. Basado en este apego al ego, este pensamiento de "yo", no importa qué forma tome en el ciclo de la existencia o Samsara, genera simultáneamente una fijación secundaria al cuerpo, y la identificación con "mi cuerpo, mi existencia". Así se crea la fijación o identificación inicial de "mi mente y/o esta mente" como un ego. En base a esta doble fijación del cuerpo físico y de la mente se experimenta el renacimiento. Debido a este aferramiento fundamental a "mi cuerpo y mi mente" se desarrollan todos los posteriores sufrimientos y todos los problemas, y dificultades que los seres sensibles experimentan en el Samsara, o ciclo de la existencia.»

60

UN POETA

[Un deva preguntó:]

¿Cuál es el fundamento de los versos?
¿Cuál es su expresión precisa?
¿De qué dependen los versos?
¿Qué subyace en los versos?

[El Buda respondió:]

La métrica es el fundamento de los versos.
Las sílabas son su expresión precisa.
Los versos dependen de los nombres.
Un poeta subyace a los versos.

ADDHA VAGGA

CAPÍTULO DE LOS ESTADOS

En Pali, "addha" significa "mitad", "parcial" o "un tramo de tiempo". En un sentido psicológico podría significar "estados", ya sean estados de la mente, o procesos egoicos. El Addha Vagga se centra en temas relacionados con procesos y etapas del camino espiritual, así como la comprensión de aspectos específicos y parciales del Dhamma.

61

NOMBRE

[Un deva preguntó:]

¿Qué es lo que abarca todo?
¿Qué es lo que nada supera?
¿Qué es lo único que tiene todo bajo su dominio?

[El Buda respondió:]

El nombre lo abarca todo.
Nada es más grande que el nombre.
El nombre es la única cosa que tiene todo bajo su dominio.

62

MENTE

[Un deva preguntó:]

¿Qué es lo que dirige al mundo?
¿Qué lo arrastra?
¿Qué es lo único que tiene todo bajo su dominio?

[El Buda respondió:]

El mundo es dirigido por la mente.
El mundo es arrastrado de un lado a otro por la mente.
La mente es la única cosa que tiene todo bajo su dominio.

63

ANSIA

[Un deva preguntó:]

¿Qué es lo que guía al mundo?
¿Qué lo arrastra?
¿Qué es lo único que tiene todo bajo su dominio?

[El Buda respondió:]

El ansia conduce al mundo.
El ansia lo arrastra.
El ansia es la única cosa que tiene todo bajo su dominio.

64

CADENA

[Un deva preguntó:]

¿Qué esclaviza al mundo?
¿Cuál es su aberración?
¿A qué se debe renunciar para hablar del Nibbana?

[El Buda respondió:]

El placer esclaviza al mundo.
El pensamiento es su aberración.
Renunciando al deseo se puede hablar del Nibbana[14].

---

14 La extinción del deseo viene con un largo y delicado proceso de estudio, contemplación, evaluación de la realidad, reflexión y meditación. Para esto, el Buda enseñó una gran cantidad de prácticas éticas, mentales y espirituales para lograr la extinción adecuada y correcta de las causas. El *nibbána* (*nirvana* en sánscrito) es el estado supremo de extinción total y definitiva de los tres venenos mentales (avaricia, odio e ignorancia). *Nibbána*, que significa "fuego extinguido", no es la extinción del ser o la no-existencia: es un estado de liberación suprema donde el ser ya no vuelve a renacer otra vez en el *Samsára*. Todo en *samsára* es perecedero y causante de sufrimiento, pero más allá de *samsára* ("la Otra Orilla", como lo llama el Buda) existe el estado de *nibbána*, que es no-perecedero y causa de dicha suprema.

65

ESCLAVITUD

[Un deva preguntó:]

¿Qué esclaviza al mundo?
¿Cuál es su aberración?
¿Renunciando a qué se cortan todas las cadenas?

[El Buda respondió:]

El placer esclaviza el mundo.
El pensamiento es su aberración.
Renunciando al deseo se cortan todas las cadenas.

66

ABATIDO

[Un deva preguntó:]

¿Por qué está el mundo abatido?
¿Qué lo rodea?
¿Qué flecha lo ha herido?
¿Con qué está siempre humeando?

[El Buda respondió:]

El mundo está abatido por la muerte.
Está rodeado por la vejez.
El dardo del ansia lo ha herido.
Siempre está humeando de deseo.

67

ATRAPADO

[Un deva preguntó:]

¿Qué mantiene atrapado al mundo?
¿Qué lo rodea?
¿Qué ha encerrado al mundo?
¿Sobre qué está cimentado?

[El Buda respondió:]

El ansia mantiene atrapado al mundo.
Está rodeado por la vejez.
La mortalidad ha encerrado al mundo.
El mundo está cimentado en el sufrimiento.

68

CERRADO

[Un deva preguntó:]

¿Qué ha encerrado al mundo?
¿Sobre qué está cimentado?
¿Qué lo ha atrapado?
¿De qué está rodeado?

[El Buda respondió:]

La muerte ha encerrado al mundo.
El mundo está cimentado en el sufrimiento.
El ansia ha atrapado al mundo.
Está rodeado por la vejez.

69

DESEO

[Un deva preguntó:]

¿Qué es lo que mantiene atado al mundo?
¿Qué hay que eliminar para que se libere?
¿A qué hay que renunciar
para que se corten todas las ataduras?

[El Buda respondió:]

El deseo es lo que ata al mundo.
Al eliminar el deseo el mundo se libera.
Con el abandono del deseo,
se cortan todas las ataduras.

70

EL MUNDO

[Un deva preguntó:]

¿En qué ha surgido el mundo?
¿A qué se aproxima?
¿Al aferrarse a qué se turba el mundo?

[El Buda respondió:]

El mundo ha surgido en seis[15].
Se aproxima a seis.
Aferrándose a estos seis,
el mundo se turba en seis.

---

15 Los "seis" a los que se refiere el Buda son los seis sentidos concebidos por el budismo: ojo, oído, nariz, lengua, cuerpo y mente. Estos sentidos son las bases a través de las cuales los seres experimentan el mundo y desarrollan apego, perpetuando así el ciclo de sufrimiento. Comprender y trascender estos procesos sensoriales es fundamental en la práctica budista para alcanzar la liberación. Cada uno de estos sentidos se relaciona con su respectivo objeto sensorial: formas visibles (*rūpa*) percibidas por el ojo; sonidos (*sadda*) percibidos por el oído; olores (*gandha*) percibidos por la nariz; sabores (*rasa*) percibidos por la lengua; sensaciones táctiles (*phoṭṭhabba*) percibidas por el cuerpo; fenómenos mentales (*dhamma*) percibidos por la mente. El apego surge a través de un proceso que implica contacto sensorial (*phassa*), sensación (*vedanā*), percepción (*saññā*), volición (*cetanā*), y finalmente apego (*taṇhā*).

JHATVĀ VAGGA

CAPÍTULO DEL INCINERADO

La palabra "jhatvā" en Pali significa "destruir" o "quemar". Proviene de la raíz *"jha"*, que se relaciona con el acto de quemar o consumir por el fuego. En el contexto de las enseñanzas budistas, *jhatvā* puede referirse metafóricamente a la destrucción de las impurezas mentales o *kilesas*. De ahí que esta parte pueda traducirse como "Sección del incinerado". En ella, a través de diálogos con devas, el Buda proporciona enseñanzas sobre cómo practicar el Dhamma de manera efectiva para destruir las causas del sufrimiento y desarrollar una mente purificada.

71

INCINERADO

En Sāvatthī. De pie a un lado, una deidad se dirigió al Buda en verso:

¿Qué se ha de incinerar para dormir a gusto?
¿Qué se ha de incinerar para que no haya pena?
¿Cuál es, Gautama, la única matanza que apruebas?

[El Buda respondió:]

Cuando se incinera la ira duermes a gusto.
Cuando se incinera la ira no hay tristeza.
Oh deidad, la ira tiene una raíz envenenada y una punta de miel.
Los nobles alaban su muerte, porque cuando es incinerada se
acaba el dolor.

72

EL CARRO

[Un deva preguntó:]

¿Cuál es la marca de un carro?
¿Cuál es la marca del fuego?
¿Cuál es la marca de una nación?
¿Cuál es la marca de una mujer?

[El Buda respondió:]

Un estandarte es la marca de un carro.
El humo es la marca del fuego.
Un gobernante es la marca de una nación.
Un marido es la marca de una mujer.

73

RIQUEZA

[Un deva preguntó:]

¿Cuál es la mejor riqueza de una persona?
¿Qué trae la felicidad cuando se practica bien?
¿Cuál es el sabor más dulce de todos?
¿Cómo vive aquel del que se dice que tiene la mejor vida?

[El Buda respondió:]

Aquí la fe es la mejor riqueza de una persona.
La enseñanza trae felicidad cuando se practica bien.
La verdad es el sabor más dulce de todos.
Del que dicen que tiene la mejor vida, vive por la sabiduría.

74

LLUVIA

[Un deva preguntó:]

¿Cuál es la mejor de las cosas que ascienden?
¿Y cuál es la mejor de las cosas que caen?
¿Y cuál es la mejor de las cosas que salen?
¿Y quién es el mejor orador?

[Otro deva *añadió*:]

Una semilla es la mejor de las cosas que ascienden.
La lluvia es lo mejor que cae.
El ganado es lo mejor de las cosas que salen.
Y un niño es el mejor orador.

[El Buda dijo:]

El conocimiento es lo mejor de las cosas que ascienden.
La ignorancia es la mejor de las cosas que caen.

La Saṅgha es lo mejor que sale[16].
Y el Buda es el mejor orador.

---

16   El término *Saṅgha* se refiere a la comunidad de practicantes budistas, tanto los que han alcanzado niveles de santidad (*Ariya Saṅgha*) como los monjes y monjas que han tomado los votos monásticos (*Bhikkhu Saṅgha*). Esta comunidad es esencial para la preservación, práctica y transmisión del Dhamma, y es una fuente de apoyo y guía espiritual para los practicantes laicos y aquellos que viven sin relación con los valores espirituales. En el contexto de este verso, ha de entenderse la *Saṅgha* como la mejor de las cosas que salen en el sentido de que la comunidad espiritual se proyecta en el mundo, sale de sí misma para hacer girar la rueda del Dhamma, es decir, predicar la enseñanza de Buda y extender sus beneficiosos valores humanos.

75

MIEDO

[Un deva preguntó:]

¿Por qué tanta gente tiene miedo
cuando el camino ha sido enseñado de tantas maneras y en tantas
dimensiones?
Te pregunto, Gautama, cuya sabiduría es vasta:
¿en qué se basa uno para no temer al otro mundo?

[El Buda respondió:]

Cuando el verbo y la mente se dirigen correctamente
y no haces nada malo con el cuerpo
mientras moras en casa con abundante comida y bebida.
Fiel, gentil, caritativo y amable:
basándose en estos cuatro principios[17]*,*

---

17   Los cuatro componentes éticos del Óctuple Sendero son: recto hablar (*Sammā Vācā*), recta acción (*Sammā Kammanta*), recto rustento (*Sammā Ājīva*) y recta intención (*Sammā Saṅkappa*). Estos cuantro principios son los que confieren un carácter "fiel, gentil, caritativo y amable" tal como lo recita Buda en el verso. Después de estos cuatro componentes éticos, el Óctuple Sendero prosigue con los tres componentes psicológicos: recto esfuerzo mental (*Sammā Vāyāma,* evitar los estados mentales negativos), recta atención (*Sammā Sati*) y recta concentración (*Sammā Samādhi*). El último componente del Óctuple Sendero es el componente de la Sabiduría (*Paññā*): la recta visión o visión espiritual (*Sammā Diṭṭhi*).

permaneciendo en la enseñanza
uno no necesita temer al otro mundo.

76

ENVEJECIMIENTO

[Un deva preguntó:]

¿Qué envejece?, ¿qué no envejece?
¿Qué es una desviación?
¿Qué es un obstáculo para los medios hábiles?
¿Qué es lo que mengua de día y de noche?
¿Qué es la mancha del celibato?
¿Qué es el baño sin agua?

¿Cuántas fugas hay en el mundo por las que se escapa la riqueza?
Hemos venido a preguntar a Buda:
¿cómo vamos a entender esto?

[El Buda respondió:]

La forma física de los mortales envejece, pero su nombre y su clan no.
La lujuria se llama desviación y la codicia obstruye los medios
hábiles.
La juventud mengua día y noche.
La lujuria es la mancha del celibato,
a la que se aferra esta generación.
La austeridad y el celibato son el baño sin agua.

Hay seis fugas en el mundo
por donde se escapa la riqueza:
la pereza y la negligencia,
la falta de iniciativa y de moderación,
la somnolencia y la apatía.
Debes deshacerte por completo de estos agujeros.

77

SOBERANÍA

[Un deva preguntó:]

¿Qué es la soberanía en el mundo?
¿Qué es el mejor de los bienes?
¿Qué es en el mundo una espada oxidada?
¿Quién es una plaga en el mundo?

¿A quién arrestan cuando se lleva las cosas?
¿Y quién es amado cuando le quitan cosas?
¿Y a quién aprueban los sabios cuando viene una y otra vez?

[El Buda respondió:]

El poder es la soberanía en el mundo.
El cónyuge es el mejor de los bienes.
La ira en el mundo es una espada oxidada.
Los bandidos son una plaga en el mundo.

Un ladrón es arrestado cuando se lleva las cosas.
Y un asceta es amado cuando se despoja de las cosas.
Un asceta es aprobado por los sabios
cuando vuelve una y otra vez.

78

AMOR A SÍ MISMO

[Un deva preguntó:]

¿De qué no debe despojarse el que desea el bien?
¿Qué no debería rechazar un mortal?
¿Qué debería liberarse cuando es bueno,
pero no cuando es malo?

[El Buda respondió:]

Un hombre no debe renegar de sí mismo.
No debería rechazarse a sí mismo.
La palabra debe ser liberada cuando es buena,
pero no cuando es mala.

79

PROVISIONES

[Un deva preguntó:]

¿Cómo deben asegurarse las provisiones?
¿Cuál es la guarida de la riqueza?
¿Qué es lo que arrastra a una persona?
¿A qué es difícil renunciar en el mundo?
¿A qué están atados muchos seres,
como pájaros en una trampa?

[El Buda respondió:]

Las provisiones deben estar aseguradas por la fe.
La gloria mundana es la guarida de la riqueza.
El deseo arrastra a la persona.
El deseo en el mundo es difícil de abandonar.
Muchos seres están atados por el deseo,
como pájaros en una trampa.

80

LÁMPARA

[Un deva preguntó:]

¿Cuál es la lámpara del mundo?
¿Qué hay en el mundo que esté despierto?
¿Quién es nuestro compañero de trabajo?
¿Cuál es el camino de la vida?

¿Qué nutre al ocioso y al incansable,
como una madre a su hijo?
¿Con qué sustentan su vida
las criaturas que viven de la tierra?

[El Buda respondió:]

La sabiduría es la lámpara para el mundo.
La atención plena en el mundo es la vigilancia despierta.
El ganado es nuestro compañero de trabajo,
y el surco es el camino de la vida.

La lluvia nutre al ocioso y al incansable,
como una madre a su hijo.
Las criaturas que viven de la tierra
sustentan su vida gracias a la lluvia.

81

SIN CONFLICTO

[Un deva preguntó:]

¿Quién en el mundo no tiene conflictos?
¿La vida de quién no se pierde?
¿Quién aquí comprende completamente el deseo?
¿Quién vive siempre como su propio amo?

¿Ante quién se inclinan la madre, el padre y los hermanos
cuando están establecidos?
¿Ante quién, aquí, aunque sea de baja cuna,
se inclinan incluso los aristócratas?

[El Buda respondió:]

Los ascetas no tienen conflictos en el mundo.
La vida de los ascetas no se pierde.
Los ascetas comprenden completamente el deseo.
Los ascetas siempre viven como su propio amo.

La madre, el padre y los hermanos
se inclinan ante los ascetas cuando están establecidos.
Aunque un asceta sea de baja cuna,
es reverenciado incluso por los aristócratas.

AQUÍ SE COMPLETAN
LOS DISCURSOS DE LOS DEVAS.

DEVAPUTTA SAṂYUTTA

Los "Discursos sobre los Dioses" contienen 30 *suttas*, cada uno de los cuales representa al Buda en conversación con un dios. Aquí se utiliza el término *devaputta*, en lugar de *devatā* en el *saṁyutta* (conjunto) anterior. La diferencia es puramente nominal y no hay diferencia en el significado. El estilo de los discursos es similar a los "Discursos sobre las Deidades", aunque aquí hay un mayor énfasis en el tema de la renunciación. Varios de estos discursos se recitan regularmente en el budismo Theravāda moderno; los versos de Tāyana sobre el esfuerzo diligente son a menudo recitados por los monásticos, mientras que los discursos sobre el sol y la luna se emplean popularmente como cantos de protección tal como se encuentran en la tradición tibetana.

Estos discursos están centrados en las interacciones entre el Buda y varios *devaputras* (deidades jóvenes o hijos de dioses), quienes buscan consejo, clarificación o expresan sus preocupaciones y dudas al Buda.

Los principales temas aquí tratados son: moralidad y virtud (reflexiones sobre la importancia de la ética y la conducta correcta), la naturaleza de los Devas (explicaciones sobre la vida en los reinos celestiales y la naturaleza transitoria de la existencia), sabiduría y conocimiento (enseñanzas sobre la comprensión profunda del Dhamma), meditación y concentración (instrucciones sobre prácticas meditativas y el desarrollo de la concentración mental), la impermanencia y el renacimiento.

SURIYA VAGGA

CAPÍTULO DEL SOL

En Pali, "*Suriya*" significa "sol", y "*Vagga*" significa "capítulo" o "sección". Por lo tanto, Suriya Vagga se traduce como el "Capítulo del Sol".

El Suriya Vagga es la primera sección del Devaputta Saṃyutta y contiene los primeros 10 suttas. Esta sección, como su nombre indica, a menudo involucra deidades y temáticas relacionadas con el sol y su simbolismo: interacciones con deidades solares o asociadas con el sol, iluminación y claridad, aspectos doctrinales que simbolizan la luz, la sabiduría y el entendimiento, en síntesis, se trata de una serie de principios comparables a la luz solar que disipa la oscuridad.

El Suriya Vagga no solo destaca por su contenido, sino también por su simbolismo. El sol en muchas culturas, incluida la India, es visto como un símbolo de vida, claridad y poder, elementos que resuenan profundamente en las enseñanzas budistas sobre la iluminación y la comprensión del Dhamma.

1

CON KASSAPA

1ª PARTE

Así lo he oído. En cierta ocasión, el Buda moraba cerca de Sā-vatthī, en la Arboleda de Jeta, en el parque de Anāthapiṇḍika. Entonces, ya entrada la noche, el glorioso dios Kassapa, iluminando toda la Arboleda de Jeta, se acercó al Buda, le rindió homenaje, se puso a un lado y le dijo al Bienaventurado:

El Buda se ha revelado al monje mendicante,
pero no ha revelado sus instrucciones al monje mendicante.

[El Buda respondió:]

Pues bien, Kassapa, aclara tú mismo este asunto.

[Kassapa:]

Debe entrenarse en seguir buenos consejos,
en atender de cerca a los ascetas,
en sentarse a solas en lugares recónditos,
y en calmar la mente.

Eso dijo el dios Kassapa, y el maestro lo aprobó. Entonces Kassapa, sabiendo que el maestro lo aprobaba, le rindió homenaje y rodeó respetuosamente al Buda, manteniéndolo a su derecha, antes de desvanecerse allí mismo.

2

CON KASSAPA

2ª PARTE

Una vez en Sāvatthī. De pie a un lado, el dios Kassapa recitó este verso en presencia del Buda:

Supongamos que un monje es aquel que practica la absorción[18]*, para liberar la mente.*

---

18   En el contexto de la meditación budista, "absorción" se refiere a un estado profundo de concentración y estabilidad mental. En Pali, este estado se conoce como "jhāna" (o "dhyāna" en sánscrito). Los jhānas son estados de absorción meditativa que se alcanzan a través de la práctica del *samatha* (meditación de calma). Hay cuatro jhānas principales en la meditación budista, cada uno con características y niveles de profundidad específicos. Los jhānas purifican la mente de distracciones y perturbaciones, creando una base sólida para la introspección profunda. Una mente concentrada y estable es más capaz de investigar y comprender las verdades profundas del Dhamma, como la impermanencia, el sufrimiento y la no-sustancialidad (*anicca, dukkha, anattā*). Asimismo, los estados de jhāna proporcionan una profunda sensación de paz y felicidad, que puede ser transformadora en la vida cotidiana. Es importante notar la diferencia entre *samatha* (calma) y *vipassanā* (comprensión intuitiva). Mientras que samatha se centra en alcanzar estados de jhāna a través de la concentración, vipassanā se enfoca en el desarrollo de la comprensión profunda de la naturaleza de la realidad. Ambos métodos son complementarios y se utilizan juntos en la práctica budista para lograr la liberación. Para una información detallada sobre los estados jhana de meditación recomendamos el libro de Paul Dennison *La Consciencia Jhāna: la meditación budista en la Era de la Neurociencia* (Cántico, 2024).

Sí quiere alcanzar la paz del corazón,
habiendo conocido el surgir y desaparecer del mundo,
una mente sana e independiente, esa será su recompensa.

3

CON MĀGHA

Una vez en Sāvatthī, ya entrada la noche, el glorioso dios Māgha, iluminando toda la Arboleda de Jeta, se acercó al Buda, le rindió homenaje, se colocó a un lado y se dirigió al Buda en verso:

¿Cuándo, con lo que se incinera puedes dormir tranquilo?
¿Cuándo, con lo que se incinera, no hay tristeza?
¿Qué es lo único cuya muerte apruebas?

[El Buda respondió:]

Cuando se incinera la ira uno puede dormir tranquilo.
Cuando la ira es incinerada no hay tristeza.
Vatrabhū[19], la ira tiene una raíz envenenada, y una punta de miel.
Los nobles alaban la matanza de la ira, pues cuando se incinera no hay tristeza.

---

19 "Vatrabhū" es otra forma con la que el Buda se dirige a Magha. Esa forma nominal hace énfasis en la juventud de ese dios.

4

CON MĀGHADHA

Una vez en Sāvatthī. De pie a un lado, el dios Māgadha se dirigió al Buda en verso:

¿Cuántas lámparas hay para hacer brillar su luz sobre el mundo?
Hemos venido a preguntar al Buda; ¿cómo hemos de entender esto?

[El Buda respondió:]

Hay cuatro lámparas en el mundo, una quinta no se encuentra.
El sol brilla de día, la luna resplandece de noche,
mientras que el fuego arde tanto de día como de noche.
Pero un Buda es la mejor de las luces: éste es el resplandor supremo insuperable.

5

CON DĀMALI

Una vez en Sāvatthī, ya entrada la noche, el glorioso dios Dāmali, iluminando toda la Arboleda de Jeta, se acercó al Buda,
le rindió homenaje, se colocó a un lado y recitó este verso en
presencia del Bienaventurado:

Esto es lo que debe hacer un brahmán:
esforzarse sin descanso.
Entonces, con renuncia a los placeres sensuales,
no mantiene añoranza por renacer.

Al brahmán no le queda nada por hacer,
—dijo el Buda a Dāmali—
pues ya ha completado la tarea.
Mientras una persona no consiga hacer pie en el río,
se esforzará con todas sus extremidades.
Pero quien que ha recuperado tierra firme no necesita esforzarse,
pues ya ha llegado a la otra orilla[20].

---

20 "La otra orilla" (Pali: *paraṃ*; Sánscrito: *pāraṃ*) se traduce de forma más
literal como "más allá" y simboliza el estado de liberación y realización espiritual. Cruzar hacia la otra orilla (hacia el más allá) implica un proceso de transformación y purificación mental que nos lleva a la superación del sufrimiento
(*dukkha*) y a la experiencia consciente de la Gran Realidad.

Dāmali, este es un símil para el brahmán,
una vez haya extinguido las impurezas,
habiéndose autodisciplinado y practicado la absorción meditativa,
ha alcanzado el final del renacimiento y la muerte,
no necesitará seguir esforzándose,
pues habrá alcanzado la otra orilla.

6

CON KĀMADA

Una vez en Sāvatthī. De pie a un lado, el dios Kāmada le dijo al Buda:

¡Es demasiado duro, Bienaventurado! ¡Es demasiado difícil!

Lo hacen, aunque sea duro,
—dijo el Buda a Kāmada—
los aprendices estables con ética, e inmersión.
Para quien ha entrado en la vida sin hogar,
el contentamiento trae felicidad.

[Kāmada:]

Tal contentamiento, Bienaventurado, es difícil de encontrar.

Lo encuentran, aunque sea difícil,
—dijo el Buda a Kāmada—
aquellos que aman la paz mental;
cuyas mentes aman meditar día y noche.

[Kāmada:]

Pero es difícil, Bienaventurado, sumergir esta mente en samādhi²¹.

Se sumergen en samādhi aunque sea difícil,
—dijo el Buda a Kāmada—
aquellos que aman calmar las facultades.
Habiendo cortado la red de la Muerte,
los nobles, Kāmada, siguen su camino.

[Kāmada:]

Pero este camino, Bienaventurado, es áspero y difícil de recorrer.

[El Buda respondió:]

Aunque es áspero y difícil de recorrer,
los nobles, Kāmada, siguen su camino.
Los innobles caen de cabeza en un camino áspero.
Pero el camino de los nobles es suave,
pues los nobles se muestran suaves en medio de lo áspero.

---

21 El término *samādhi* es central en la práctica de la meditación budista y en otras tradiciones espirituales de la India. Se refiere a un estado profundo de concentración mental y unificación de la mente. Se traduce generalmente como "éxtasis". Se refiere a un estado en el cual la mente se libera de todos los condicionamientos del "yo", alcanzando una profunda quietud y claridad. En este estado, la mente está completamente inmersa y enfocada, libre de distracciones y perturbaciones, conectada con la esencia real de la vida en su flujo interno y externo.

7

CON PAÑCĀLACAṆḌA

Una vez en Sāvatthī. De pie a un lado, el dios Pañcālacaṇḍa recitó este verso en presencia del Buda:

La apertura en medio del cautiverio
fue descubierta por el Buda de vasta inteligencia,
que despertó a la absorción
al sabio, al toro solitario.

Incluso en medio del cautiverio
—dijo el Buda a Pañcālacaṇḍa—
descubren el principio para alcanzar la extinción.
Los que han adquirido la atención plena
permanecen perfectamente serenos en samādhi.

8

CON TĀYANA

Una vez en Sāvatthī, ya entrada la noche, el glorioso dios Tāyana, antiguo fundador religioso, iluminando toda la Arboleda de Jeta, se acercó al Buda, le rindió homenaje, se colocó a un lado y recitó estos versos en presencia del Buda:

¡Esfuérzate y corta la corriente!
Disipa los placeres sensuales, brahmán.
Un sabio que no renuncia a los placeres sensuales
no renace en un estado unificado.

Para hacer lo que debe hacerse,
uno debe esforzarse enérgicamente.
Pues la vida que se escapa cuando se lleva laxamente
solo levanta más polvo.

Es mejor dejar una mala acción sin realizar;
pues después arderás por esa mala acción.
Es mejor haber realizado una buena acción,
pues después de hacerla estarás libre de remordimientos.

Cuando la hierba kusha²² se agarra mal,
puede hacerte cortes en la mano.
Así también, la vida ascética, cuando se toma erróneamente,
te arrastra al infierno.

Cualquier acto laxo, cualquier observancia corrupta,
o vida espiritual sospechosa, no es muy fructífera.

Eso fue lo que dijo el dios Tāyana. Luego le rindió homenaje y rodeó respetuosamente al Buda, manteniéndolo a su derecha, antes de desaparecer allí mismo. Luego, cuando hubo pasado la noche, el Buda contó a los monjes todo lo que había sucedido.

Oh monjes, esta noche, el glorioso dios Tāyana,
antiguo fundador religioso, iluminando toda la Arboleda de Jeta,
vino a mí, me rindió homenaje,
se puso a un lado y recitó estos versos en mi presencia.

El Buda repitió los versos en su totalidad, añadiendo:

Eso es lo que dijo el dios Tāyana.
Luego me rindió homenaje y me rodeó respetuosamente,
manteniéndome a su derecha, antes de desaparecer allí mismo.
Oh monjes, ¡aprendan los versos de Tāyana!
¡Memorizad los versos de Tāyana!
¡Recordad los versos de Tāyana!
Estos versos son beneficiosos y se refieren a los fundamentos de la
vida espiritual.

---

22 *Desmostachya bipinnata*, es una hierba perenne del Viejo Mundo, conocida desde antiguo por sus usos medicinales y religiosos. En India y en antiguos textos sánscritos es conocida como hierba kusha; en Irak, como jilda; y en Egipto y las regiones árabes, como halfa. Según tradiciones budistas tempranas, fue el material que utilizó Buda Shakyamuni para preparar su asiento de meditación debajo del árbol bodhi donde alcanzó la iluminación.

9

LA LUNA

Una vez en Sāvatthī. En aquel tiempo el Dios Luna había sido apresado por Rāhu, señor de los demonios. Entonces el Dios Luna, recordando al Buda, en aquella ocasión recitó este verso:

Homenaje a ti, ¡Oh Buda, oh Victorioso!
Te has liberado en todos los sentidos.
He deambulado en el cautiverio:
¡Sé mi refugio!

Entonces el Buda se dirigió a Rāhu en verso a propósito del Dios de la Luna:

El Dios de la Luna ha ido en busca de refugio
al Realizado, al Perfeccionado. ¡Rāhu, libera a la Luna!
¡Los Budas sienten compasión por el mundo!

Entonces Rāhu, habiendo liberado a la Luna,
corrió a ver a Vepacitti, el señor de los demonios
y se quedó a un lado, conmocionado y asombrado.
Vepacitti se dirigió a él en verso:

¿Por qué tanta prisa?
Rāhu, has liberado la Luna

y has venido con cara de asombro:
¿por qué te quedas ahí tan asustado?

[Rāhu respondió:]

Mi cabeza habría estallado en siete pedazos,
no habría encontrado felicidad en la vida,
si, encantado por el hechizo de Buda,
no hubiera liberado la Luna.

10

EL SOL

Una vez en Sāvatthī. En aquel tiempo, el Dios Sol había sido capturado por Rāhu, señor de los demonios. Entonces recordando al Buda, el Dios Sol, en aquella ocasión, recitó este verso:

Homenaje a ti, ¡Oh Buda, oh Victorioso!
Te has liberado en todos los sentidos.
He deambulado en el cautiverio:
¡Sé mi refugio!

Entonces el Buda se dirigió a Rāhu en verso a propósito del Dios Sol:

El Dios Sol ha ido en busca de refugio
al Realizado, al Perfeccionado.
¡Rāhu, libera al Sol!
¡Los Budas sienten compasión por el mundo!

El Sol brillante llena de luz la oscuridad,
círculo de magnífica llama.
Rāhu, no te lo tragues mientras atraviesa el cielo.
¡Rāhu, libera a mi hijo, el Sol!

Entonces Rāhu, habiendo liberado al Sol,
corrió a ver a Vepacitti, el señor de los demonios
y se quedó a un lado, conmocionado y sobrecogido.
Vepacitti se dirigió a él en verso:

¿Por qué tanta prisa?
Rāhu, has liberado al Sol
y has venido con cara de asombro:
¿Por qué te quedas ahí tan asustado?

Mi cabeza habría estallado en siete pedazos,
no habría encontrado felicidad en la vida,
si, encantado por el hechizo de Buda,
no hubiera liberado al Sol.

ANĀTHAPIṆḌIKA VAGGA

CAPÍTULO DE ANĀTHAPIṆḌIKA

En Pali, "Anāthapiṇḍika" significa "alimentador de los huér-fanos y desamparados". Es el nombre de un devoto laico muy destacado del Buda, un rico comerciante conocido por su generosidad y devoción al Dhamma. Su nombre real era Sudatta, pero es más conocido por su título, que refleja su caridad y cuidado hacia los necesitados. Se le considera el principal mecenas masculino de Buda.

El Anāthapiṇḍika Vagga reúne una serie de suttas que están relacionados de alguna manera con Anāthapiṇḍika, su vida, sus interacciones con el Buda y las enseñanzas que recibió. Esta sección destaca la importancia de los laicos en la comunidad budista y muestra cómo la práctica del Dhamma puede ser llevada a cabo por personas que no son monjes.

Sus temas principales son la generosidad (*dāna*), la ética, vivir una vida virtuosa, la práctica laica del Dhamma, la fe y la devoción.

Anāthapiṇḍika es una figura central en muchos textos budistas debido a su rol como patrón del budismo temprano. Es conocido por haber ofrecido el Jetavana (Bosque de Jeta) al Buda y a la Sangha, uno de los monasterios más importantes donde el Buda pasó muchos retiros de vassa (temporada de lluvias) y enseñó numerosos discursos.

11

CON CANDIMASA

Una vez en Sāvatthī, ya entrada la noche, el glorioso dios Candimasa, iluminando toda la Arboleda de Jeta, se acercó al Buda, le rindió homenaje, se colocó a un lado y recitó este verso en presencia del Bienaventurado:

Como ciervos en un pantano libre de mosquitos,
aquellos que han entrado en los jhānas
llegarán a un lugar seguro
unificados, autodisciplinados y plenamente conscientes.

Como los peces cuando se corta la red,
aquellos que han entrado en los jhānas
llegarán a la orilla lejana
diligentes y libres de defectos.

12

CON VISHNU

De pie a un lado, el dios Vishnu recitó este verso en presencia del Buda:

¡Felices los hijos de Manu[23] que rinden homenaje al Santo!
Se aplican a las instrucciones del maestro Gautama,
entrenándose diligentemente.

Aquellos que practican la absorción
de acuerdo con el entrenamiento en el camino
de la enseñanza que he proclamado,
—dijo el Buda a Vishnu—
y están a tiempo de ser diligentes
no caerán bajo el dominio de la Muerte.

---

23 Manu es conocido en la tradición hindú como el progenitor de la humanidad y el autor del *Manusmriti*, uno de los textos más antiguos y fundamentales del Dhamma hindú. Es una figura mítica y venerada como el primer hombre y el legislador primordial.

13

CON DĪGHALAṬṬHI

Esto he oído. En cierta ocasión, Buda moraba cerca de Rāja-gaha, en la Arboleda de Bambú, lugar de alimentación de las ardillas. Entonces, bien entrada la noche, el glorioso dios Dī-ghalaṭṭhi, iluminando toda la Arboleda de Bambú, se acercó al Buda, le rindió homenaje, se puso a un lado y recitó este verso en presencia del Bienaventurado:

Supongamos que un monje
es aquel que practica la absorción
para liberar la mente.
Si quiere alcanzar la paz del corazón,
habiendo conocido el surgir y desaparecer del mundo,
una mente sana e independiente, ésa será su recompensa.

14

CON NANDANA

De pie a un lado, el joven dios Nandana se dirigió al Buda en verso:

Te pido, Gautama, cuya sabiduría es inmensa,
Bienaventurado de conocimiento y visión sin obstáculos.
¿A qué clase de persona llaman ética?
¿A qué clase de persona llaman sabia?
¿Qué clase de persona vive después de trascender el sufrimiento?
¿Qué clase de persona veneran las deidades?

[El Buda respondió:]

Una persona que es ética, sabia, autodesarrollada,
y se sumerge en samādhi, en absorción amorosa,
es plenamente consciente, que se ha liberado,
abandonado todas las tristezas y extinguido las impurezas,
porta su cuerpo definitivo.

Esa es la clase de persona que llaman ética.
Esa es la clase de persona que llaman sabia.
Esa clase de persona vive después de trascender el sufrimiento.
Esa clase de persona es venerada por las deidades.

15

CON CANDANA

De pie a un lado, el joven dios Candana se dirigió al Buda en verso:

¿Quién cruza aquí las aguas crecidas, sin aflojar ni de noche ni de día?
¿Quién, sin pararse ni apoyado, no se hunde en lo profundo?

[El Buda respondió:]

Alguien que esté siempre dotado de ética,
sabio y sereno, enérgico y resuelto,
atraviesa las aguas crecidas tan difíciles de cruzar.

Alguien que desiste de la percepción sensual,
ha superado el grillete de la forma
y ha acabado con el deleite y la codicia,
no se hunde en las profundidades.

16

CON VĀSUDATTA

De pie a un lado, el dios Vāsudatta recitó este verso en presencia del Buda:

Como si fuera herido por una espada,
como si su cabeza estuviera ardiendo en llamas,
un monje debe permanecer en atención plena,
para abandonar el deseo sensual.

[El Buda respondió:]

Como si fuera herido por una espada,
como si su cabeza estuviera ardiendo en llamas,
un monje debe permanecer en atención plena,
y renunciar al apego de su identidad.

17

CON SUBRAHMĀ

De pie a un lado, el joven dios Subrahmā se dirigió al Buda en verso:

Esta mente está siempre ansiosa,
esta mente está siempre estresada por tensiones
que aún no han surgido y por las que sí.
Si existe un estado libre de ansiedad,
por favor, responde a mi inquietud.

[El Buda respondió:]

Salvo por la comprensión y austeridad,
salvo por la no identificación con las facultades sensoriales,
salvo por el desapego a todo,
nada es seguro para las criaturas vivientes.

Después de que el Buda habló, el joven dios se desvaneció allí mismo.

18

CON KAKUDHA

Esto he oído. En cierta ocasión, el Buda moraba cerca de Sāketa, en el parque de los ciervos del bosque de Añjana. Entonces, ya entrada la noche, el glorioso dios Kakudha, iluminando todo el Bosque Añjana, se acercó al Buda, le rindió homenaje, se puso a un lado y le dijo:

—*¿Te deleitas, asceta?*
—*¿Qué he ganado, amigo?*
—*Entonces, asceta, ¿te entristeces?*
—*¿Qué he perdido, amigo?*
—*Bien, entonces, asceta, ¿no te deleitas ni te afliges?*
—*Así es, amigo.*

[Kakudha:]

Espero que no te aflijas, oh monje,
espero que el deleite no se encuentre en ti.
Espero que el descontento no te abrume
mientras te sientas solo.

[El Buda respondió:]

Estoy verdaderamente tranquilo, espíritu,
y no hay deleite en mí.
Y tampoco el descontento me abruma
cuando estoy solo.

[Kakudha:]

¿Cómo es que estás tranquilo, mendicante?
¿Cómo no se encuentra deleite en ti?
¿Cómo es que el descontento no te abruma
mientras estás solo?

[El Buda respondió:]

El deleite nace de la miseria,
la miseria nace del deleite;
amigo, deberíais conocerme
como un monje libre de deleite y miseria.

[Kakudha:]

Después de mucho tiempo
veo a un brahmán extinguido.
Un monje libre de deleite y miseria,
ha trascendido los apegos al mundo.

19

CON UTTARA

Una vez en Rājagaha. De pie a un lado, el joven dios Uttara recitó este verso en presencia del Buda:

Esta vida, tan corta, avanza veloz.
No hay refugio para quien queda atrapado por la vejez.
Viendo este peligro de la muerte,
deberías hacer buenas acciones que traigan felicidad.

[El Buda respondió:]

Esta vida, tan corta, avanza veloz.
No hay refugio para quien queda atrapado por la vejez.
Viendo este peligro de la muerte,
alguien que busca la paz debería soltar el anzuelo del mundo.

20

CON ANĀTHAPIṆḌIKA

De pie a un lado, el joven dios Anāthapiṇḍika recitó estos versos en presencia del Buda:

Esta es en verdad la Arboleda de Jeta,
frecuentada por la Saṅgha de los videntes,
donde moró el Rey del Dhamma:
¡Me llena de alegría!

Hechos, conocimiento y principios;
conducta ética, un medio de vida excelente;
gracias a estas cualidades son purificados los mortales,
y no por los clanes o la riqueza.

Por eso una persona sabia,
viendo lo que es bueno para sí misma,
examina la enseñanza minuciosamente,
y así se purifica por ella.

Sāriputta tiene verdadera sabiduría, ética y también paz.
Cualquier mendicante que haya ido más allá puede,
en el mejor de los casos, igualarle.

Esto fue lo que dijo el dios Anāthapiṇḍika. Luego le rindió homenaje y rodeó respetuosamente al Buda, manteniéndolo a su derecha, antes de desaparecer allí mismo. Luego, cuando hubo pasado la noche, el Buda se dirigió a los mendicantes:

Oh monjes, esta noche, cierto dios glorioso, iluminando toda la Arboleda de Jeta, vino a mí, me rindió homenaje, se puso a un lado y recitó estos versos en mi presencia.

El Buda repitió entonces los versos en su totalidad.
Al decir esto, el venerable Ānanda dijo al Buda:

—*Señor, ese dios debe de haber sido sin duda Anāthapiṇḍika, pues el padre de familia Anāthapiṇḍika era devoto del Venerable Sāriputta.*

—*Bien, bien, Ānanda. Has llegado a la conclusión lógica, en cuanto a lógica se refiere. Pues ese era, en efecto, el dios Anāthapiṇḍika.*

NĀNĀTITTHIYA VAGGA

CAPÍTULO DE LOS DISTINTOS ASCETAS

En Pali, *"nānā"* significa "diversos" o "diferentes". Por su parte, *"titthiya"* se refiere a "ascetas" o "heréticos", es decir, aquellos que no siguen las enseñanzas del Buda. En el contexto budista, se usa para describir a los maestros y seguidores de otras doctrinas y creencias que convergían en aquel tiempo. Por lo tanto, "Nānātitthiya Vagga" se podría traducir como el "Capítulo de los Distintos Ascetas" o el "Capítulo de los Diversos Herejes".

El Nānātitthiya Vagga reúne una serie de suttas que incluyen debates, diálogos y enseñanzas del Buda en confrontación con las de estos ascetas. Los temas generales suelen adquirir la forma de conversaciones filosóficas, clarificación del Dhamma en contraste con las enseñanzas de otros maestros, refutación de doctrinas, así como historias de ascetas de otras tradiciones que, después de escuchar al Buda, se convencen de sus enseñanzas y se convierten en sus seguidores.

21

CON SHIVA

Así lo he oído. En cierta ocasión, el Buda moraba cerca de Sā-vatthī, en la Arboleda de Jeta, en el parque de Anāthapiṇḍika. Entonces, ya entrada la noche, el glorioso dios Shiva, iluminando toda la Arboleda de Jeta, se acercó al Buda, le rindió homenaje, se colocó a un lado y recitó estos versos en presencia del Bienaventurado:

¡Relaciónate solo con los virtuosos!
¡Frecuenta la cercanía de los virtuosos!
Comprendiendo la verdadera enseñanza del bien,
las cosas mejoran, no empeoran.

¡Relaciónate solo con los virtuosos!
¡Frecuenta la cercanía de los virtuosos!
Comprendiendo la verdadera enseñanza del bien,
se adquiere sabiduría, pero no de los otros.

¡Acércate solo a los virtuosos!
¡Frecuenta la cercanía de los virtuosos!
Comprendiendo la verdadera enseñanza del bien,
no te afliges ni siquiera entre los que se afligen.

¡Acércate solo a los virtuosos!
¡Frecuenta la cercanía de los virtuosos!
Comprendiendo la verdadera enseñanza del bien,
brillas entre tus semejantes.

¡Relaciónate solo con los virtuosos!
¡Frecuenta la cercanía de los virtuosos!
Comprendiendo la verdadera enseñanza del bien,
los seres sensibles van a un buen lugar.

¡Relaciónate solo con los virtuosos!
¡Frecuenta la cercanía de los virtuosos!
Comprendiendo la verdadera enseñanza del bien,
los seres sensibles viven felices.

Entonces el Buda respondió a Shiva en verso:

¡Relaciónate sólo con los virtuosos!
¡Frecuenta la cercanía de los virtuosos!
Comprendiendo la verdadera enseñanza del bien,
te liberas de todo sufrimiento.

22

CON KHEMA

De pie a un lado, el joven dios Khema recitó estos versos en presencia del Buda:

La gente necia y poco inteligente
se tratan a sí mismas como a un enemigo.
Hacen malas acciones con frutos amargos.

No es bueno hacer una mala acción
después de hacerla te atormentan los remordimientos;
experimentas el resultado llorando,
con la cara llena de lágrimas.

Es bueno hacer una buena obra
después de hacerla te sientes libre de remordimientos;
experimentas el resultado alegre,
con una mente feliz.

[El Buda respondió:]

Con prudencia, debes hacer
lo que sabes que comportará tu propio bienestar.
Un pensador, un sabio, no procedería
discurriendo como un carretero

que abandona la carretera,
tan llana y bien compactada.
Entra en un camino áspero,
y se inquieta cuando su eje se rompe.

Así también, un idiota abandona el bien
para seguir lo que está en su contra.
Caídos en las fauces de la muerte,
se inquietan cuando su eje se rompe.

23

CON SERĪ

De pie a un lado, el joven dios Serī se dirigió al Buda en verso:

Tanto los dioses como los humanos disfrutan de su comida.
¿Entonces, cómo se llama el espíritu al que no le gusta la comida?

[El Buda respondió:]

Aquellos que dan con fe y un corazón claro y confiado,
participan de la comida en este mundo y en el otro.

Así que debes disipar la avaricia,
superar esa mancha, y hacer ofrecimientos.
Las buenas acciones de los seres sintientes
les sirven de apoyo en el otro mundo.

[Serī:]

Es increíble, Señor, es asombroso, lo bien que dijo esto el maestro
Gautama.

Repitió los versos de Buda, y dijo:

En un tiempo pasado, Señor, yo era un rey llamado Serī, un da-
dor, un oferente, que alababa dar. Hacía ofrendas en las cuatro

puertas a ascetas y brahmanes, a indigentes, vagabundos, viajeros y mendigos. Entonces las damas de mi harén se me acercaron y me dijeron: "Su Majestad hace regalos, pero nosotras no. Su Majestad, por favor, ayúdenos a hacer ofrecimientos para generar méritos." Entonces se me ocurrió: "Yo soy un dador, un donante, que alaba dar. Cuando dicen: 'Queremos hacer ofrecimientos', ¿qué puedo decir?" De modo que así entregué la primera puerta a las damas de mi harén. Allí ofrendaban, mientras mis propias donaciones disminuían.

Entonces mis vasallos katthiyas[24] *se me acercaron y me dijeron: "Su Majestad hace ofrendas, las damas de su harén las hacen, pero nosotros no. Su Majestad, por favor, ayúdenos a hacer ofrecimientos para generar méritos." Entonces se me ocurrió: "Yo soy un dador, un donante, que alaba dar. Cuando dicen: 'Queremos hacer ofrecimientos', ¿qué puedo decir?" Así que di la segunda puerta a mis vasallos katthiyas. Allí ofrendaban, mientras mis propias donaciones disminuían.*

Entonces mis tropas aristócratas se me acercaron y me dijeron: "Su Majestad hace ofrendas, las damas de su harén las hacen, sus vasallos también, pero nosotros no. Su Majestad, por favor, ayúdenos a hacer ofrendas para generar méritos." Entonces se me

---

24   Cuando el Buda se refiere a los "katthiyas" (también escrito como "khattiyas" o "kshatriyas") en los textos del canon pali, está hablando de la casta guerrera y gobernante en la antigua sociedad india. Los katthiyas constituían la segunda casta más alta en el sistema de varnas del antiguo subcontinente indio, justo después de los brahmanes. Esta casta incluía a reyes y gobernantes, altos funcionarios, guerreros y militares. El propio Buda, Siddhartha Gautama, nació en una familia katthiya, siendo príncipe del clan Shakya. Por lo tanto, cuando se refiere a los katthiyas, está hablando de sus iguales en términos de estatus social. Es importante entender que el Buda, a pesar de provenir de esta casta, cuestionó y rechazó el sistema de castas en sus enseñanzas, promoviendo la igualdad espiritual de todos los seres humanos independientemente de su origen social.

ocurrió: "Yo soy un dador, un oferente, que alaba dar. Cuando dicen: 'Queremos hacer ofrecimientos', ¿qué puedo decir?" De modo que así entregué la tercera puerta a mis tropas. Allí ofrendaban, mientras mis propias donaciones disminuían.

Entonces, mis brahmanes y señores de sus casas se me acercaron y me dijeron: "Su Majestad hace ofrendas, las damas de su harén las hacen, sus vasallos también, así como sus tropas; pero nosotros no. Su Majestad, por favor, ayúdenos a hacer ofrendas para generar méritos." Entonces se me ocurrió: "Yo soy un dador, un oferente, que alaba dar. Cuando dicen: 'Queremos hacer ofrecimientos', ¿qué puedo decir?" De modo que así entregué la cuarta puerta a mis brahmanes y señores de sus casas. Allí ofrendaban, mientras mis propias donaciones disminuían.

Entonces mis hombres se me acercaron y me dijeron: "¡Ahora Su Majestad no hace regalos!" Cuando dijeron esto, les respondí:

Entonces mis hombres se me acercaron y me dijeron: "¡Ahora Su Majestad no hace regalos!" Cuando dijeron esto, les respondí: "hombres míos, enviad la mitad de los ingresos de los distritos exteriores al recinto real. Una vez allí, dad la mitad a ascetas y brahmanes, a indigentes, vagabundos, viajeros y mendigos". Señor, durante mucho tiempo generé muchos méritos e hice muchas obras beneficiosas. Nunca delimité mis méritos para cuantificarlos poder decir "he generado todos estos méritos" o "tal es el resultado de mis méritos" o "por tanto tiempo permaneceré en el cielo".

Es increíble, Señor, es maravilloso, lo bien que dijo esto el maestro Gautama:

Aquellos que dan con fe y un corazón claro y confiado, participan de la comida en este mundo y en el otro.

Así que debes disipar la avaricia, superar esa mancha, y hacer ofrecimientos.
Las buenas acciones de los seres sintientes les sirven de apoyo en el otro mundo.

24

CON GHAṬIKĀRA

De pie a un lado, el joven dios Ghaṭikāra recitó este verso en presencia del Buda:

Siete mendicantes renacidos en Aviha han sido liberados.
Con la extinción completa de la codicia y el odio,
han superado los apegos al mundo.

[El Buda preguntó:]

¿Quiénes son aquellos que han cruzado el pantano,
los dominios de la muerte tan difícil de franquear?
¿Quiénes, tras dejar atrás el cuerpo humano,
se han elevado por encima de las ataduras celestiales?

[Ghaṭikāra respondió:]

Upaka, Palagaṇḍa, y Pukkusāti, estos tres;
luego Bhaddiya y Bhaddadeva, y Bāhudantī y Piṅgiya.
Ellos, después de dejar atrás el cuerpo humano,
se han elevado por encima de las ataduras celestiales.

[El Bienaventurado:]

Hablas bien de ellos, que han dejado atrás las trampas de Māra.
¿De quién fue la enseñanza que comprendieron para cortar
las ataduras del renacer?

[Ghaṭikāra respondió:]

¡Ninguna otra que la del Bendecido!
¡Ninguna otra que su instrucción!
Fue tu enseñanza la que entendieron e integraron
para cortar las ataduras de los renacimientos.

Donde el nombre y la forma cesan sin que quede nada;
comprendiendo esta enseñanza, cortaron los lazos del renacimiento.

[El Bienaventurado:]

Las palabras que dices son profundas,
difíciles de entender, muy difíciles de despertar.
¿De quién es la enseñanza que conoces para poder decir tales cosas?

[Ghaṭikāra:]

En el pasado yo era un alfarero en Vebhaliṅga llamado Ghaṭikāra.
Cuidaba de mis padres como un seguidor laico del Buda Kassapa[25].

---

25 Kassapa Buddha es considerado el vigésimo quinto Buda del actual kalpa (era cósmica) según la tradición Theravada, y el tercero de los Cinco Budas de la era actual y el sexto de seis Budas antes de Buda Gautama mencionado en las partes tempranas del Canon Pali. En la cosmología budista, se cree que Kassapa Buddha apareció en el mundo antes que Gautama Buddha (el Buda histórico). Se dice que vivió hace mucho tiempo, en una era anterior a la nuestra. Es importante porque se considera que preparó el camino para las enseñanzas de

Me abstuve de mantener relaciones sexuales, era célibe, no carnal.
Vivíamos en el mismo pueblo; en el pasado fui tu amigo.

Yo soy el que entiende que estos siete mendicantes han sido
liberados.
Con la extinción completa de la codicia y el odio,
han superado los apegos al mundo.

[El Bienaventurado:]

Así fue exactamente, tal como dices, Bhaggavan.
En el pasado eras un alfarero en Vebhaliṅga llamado Ghaṭikāra.

Tú te hiciste cargo de tus padres como un seguidor laico del Buda
Kassapa.
Te abstuviste de mantener relaciones sexuales, eras célibe, no carnal.
Vivíamos en el mismo pueblo; en el pasado fuiste mi amigo.

Así fue cuando aquellos amigos de antaño se reencontraron.
Ambos se han realizado y portan su cuerpo definitivo.

Gautama Buddha. En la tradición budista, se cree que cada Buda redescubre y enseña el Dhamma (la verdad universal) en un tiempo en que se ha olvidado. Existen varias historias sobre Kassapa Buddha en los textos budistas. Por ejemplo, se dice que vivió 20,000 años y que su cuerpo medía aproximadamente 9 metros. Kassapa Buddha es mencionado en varios suttas del Canon Pali, a menudo en relación con Gautama Buddha explicando la línea de Budas que le precedieron.

25

CON JANTU

Así lo he oído. En aquel tiempo, varios monjes moraban en las tierras del reino de Kosala[26], en una cabaña silvestre en las laderas del Himalaya. Eran inquietos, insolentes, inconstantes, chismosos, de lengua suelta, inconscientes, carentes de conciencia de la situación y de inmersión, con mentes extraviadas y facultades indisciplinadas.

Entonces, en el Uposatha[27] del decimoquinto día, el dios Jantu se acercó a esos monjes y se dirigió a ellos en verso:

---

26 El reino de Kosala estaba situado en la región norte-central de la India antigua, aproximadamente en el área que hoy corresponde al estado moderno de Uttar Pradesh. Su capital era Savatthi (en sánscrito: *Shravasti*), una ciudad que aparece a menudo en los suttas budistas como lugar donde el Buda impartió muchas de sus enseñanzas. Kosala era uno de los dieciséis Mahajanapadas (grandes estados) de la India antigua durante el tiempo del Buda. Era un reino poderoso y próspero. El rey Pasenadi de Kosala fue un importante seguidor y patrocinador del Buda. Los Kosalas y su reino aparecen frecuentemente en los suttas. Por ejemplo, en el *Kosala Samyutta* del Samyutta Nikaya, hay una colección entera de discursos relacionados con el rey Pasenadi de Kosala y que están publicados en esta misma colección con el título *El libro budista del rey de Kosala* (Cántico, 2024). En los textos, se menciona a menudo la rivalidad entre Kosala y el reino vecino de Magadha. Con el tiempo, el reino de Kosala fue perdiendo poder frente a Magadha, y eventualmente fue absorbido por este último bajo el reinado de Ajatasattu.

27 Uposatha es un día de observancia budista dedicado a la práctica intensiva

Los monjes solían vivir felices,
como discípulos de Gautama.
Sin deseo buscaban limosna;
sin deseo utilizaban sus refugios.
Sabiendo que el mundo era impermanente
acabaron con el sufrimiento.

Pero ahora se han hecho difíciles de cuidar,
como jefes de una aldea.
Comen y comen y luego se acuestan,
inconscientes en las casas de los demás.

Habiendo saludado a la Saṅgha
con mis palmas unidas y levantadas,
hablo aquí solo de ciertas personas.
Los que rechazan el Dhamma y viven sin protección,
son como si hubieran muerto.

Estoy hablando de aquellos que viven con negligencia.
Pero a los que viven diligentemente les rindo homenaje.

---

y a la renovación de los compromisos espirituales, algo semejante al Sabbat hebreo. Tradicionalmente, el Uposatha se observa cuatro veces al mes, coincidiendo con las fases lunares: luna nueva, cuarto creciente, luna llena y cuarto menguante. Esta práctica tiene sus raíces en la tradición védica pre-budista, pero fue adoptada y adaptada por el Buda para propósitos espirituales.

26

CON ROHITASSA

Una vez en Sāvatthī. De pie a un lado, el joven dios Rohitassa se dirigió al Buda:

Señor, ¿es posible conocer, ver o alcanzar el fin del mundo viajando a un lugar donde no se nace, no se envejece, no se muere, no se fallece ni se renace?

[El Bienaventurado respondió:]

Venerable amigo, yo digo que no es posible conocer, ver o alcanzar el fin del mundo viajando a un lugar donde no se nace, ni se envejece, ni se muere, ni se fallece o se renace.

[Rohitassa:]

Es increíble, Señor, es asombroso, lo bien que dijo esto el maestro Gautama:
"yo digo que no es posible conocer o ver o alcanzar el fin del mundo viajando a un lugar donde no se nace, ni se envejece, ni se muere, ni se fallece o se renace."

[El Bienaventurado:]

Érase una vez un clarividente llamado Rohitassa, hijo de Bhoja. Yo era un caminante del cielo con poder psíquico. Era tan rápido como una flecha ligera lanzada fácilmente a través de la sombra de una palmera por un experto arquero bien entrenado con un arco fuerte. Mi zancada era tal que podía abarcar desde el océano oriental hasta el océano occidental. Se me ocurrió este deseo: "Llegaré al fin del mundo viajando". Con semejante velocidad y zancada, viajé durante toda mi vida de cien años —haciendo pausas solo para comer y beber, ir al baño y dormir para disipar el cansancio —y fallecí por el camino, sin llegar nunca al fin del mundo.

[Rohitassa:]

Es increíble, Señor, es asombroso, lo bien que dijo esto el maestro Gautama:
"yo digo que no es posible conocer o ver o alcanzar el fin del mundo viajando a un lugar donde no se nace, ni se envejece, ni se muere, ni se fallece o se renace."

[El Bienaventurado:]

Pero venerable amigo, yo también digo que no es posible acabar con el sufrimiento sin llegar al fin del mundo. Pues es en esta carcasa de una braza de longitud, con su percepción y su mente, donde describo el mundo, su origen, su cesación y la práctica que conduce a su cesación.[28]

---

28   En su primer sermón el Buda pronunció la enseñanza sobre "Las Cuatro Nobles Verdades", estas son: 1º la Noble Verdad del Sufrimiento; 2º la Noble Verdad de la Causa del Sufrimiento; 3º la Noble Verdad del Cese o Extinción del Sufrimiento y 4º la Noble Verdad del Sendero que conduce a la Extinción del Sufrimiento. En un análisis más detallado de la 2ª Noble Verdad sobre las

Nunca se puede llegar al fin del mundo viajando.
Pero sin alcanzar el fin del mundo, no hay liberación del sufrimiento.

Así que una persona sabia, comprendiendo el mundo,
ha completado su viaje espiritual, y ha ido al fin del mundo.
Alguien así pacífico, conociendo el fin del mundo,
no mantiene las esperanzas acerca de este mundo ni del otro.

---

causas del sufrimiento, su origen se encuentra en el deseo, que también significa sed de algo, lujuria y apego. Según la 3ª Noble Verdad del Cese o Extinción del Sufrimiento, al haber determinado el origen de las causas del sufrimiento de la existencia, podemos exterminar esa causa, con lo cual cesará su efecto. Si las causas del sufrimiento son las mencionadas arriba como: deseo, sed, lujuria, apego, etc., entonces la extinción del sufrimiento vendrá con la extinción de las causas que lo han producido, o en palabras del propio Buda: «*Ésta, oh monjes, es la Noble Verdad de la Cesación del Sufrimiento. Es la total extinción y cesación de ese mismo deseo, su abandono, su descarte, liberación, no dependencia.*»

27

CON NANDA

De pie a un lado, el joven dios Nanda recitó este verso en presencia del Buda:

El tiempo vuela, las noches pasan,
las etapas de la vida nos abandonan una a una.
Viendo este peligro de la muerte
debes hacer buenas acciones que traigan felicidad.

[El Bienaventurado añadió:]

El tiempo vuela, las noches pasan,
las etapas de la vida nos dejan una a una.
Viendo este peligro de la muerte,
quien busca la paz debería soltar el anzuelo del mundo.

28

CON NANDIVISĀLA

De pie a un lado, el joven dios Nandivisāla se dirigió al Buda en verso:

Cuatro son las ruedas y nueve las puertas²⁹;
lleno de codicia y atado; nacido en una ciénaga,
gran héroe, ¿cómo voy a vivir así?

[El Bienaventurado respondió:]

Cortando la correa y el arnés —el deseo perverso y la codicia—
y arrancando el ansia de raíz:
de esta manera es como encuentras la plenitud de la vida.

---

29 Este sutta es análogo al Nº 29 del Devatā Saṃyutta y hace alusión a los mismos símbolos explicados en las notas 3 y 4.

29

CON SUSĪMA

Una vez en Sāvatthī, el Venerable Ānanda se acercó al Bienaventurado, le rindió homenaje y se sentó a un lado. El Buda le dijo:

Ānanda, ¿te gusta Sāriputta?

[Ānanda respondió:]

Señor, ¿a quién en la tierra no le gustaría el Venerable Sāriputta a menos que sea un tonto, un odioso, un delirante o un trastornado mental? El Venerable Sāriputta es astuto, tiene gran sabiduría, sabiduría generalizada, sabiduría risueña, sabiduría rápida, sabiduría aguda y sabiduría penetrante. Tiene pocos deseos, es feliz, apartado, distante y enérgico. Da consejos y acepta consejos; acusa y critica la maldad. ¿A quién en la tierra no le agradaría el Venerable Sāriputta a menos que sea un tonto, un odiador, un delirante o un trastornado mental?

[El Buda respondió:]

¡Eso es tan cierto, Ānanda! ¡Eso es tan cierto! ¿A quién en la tierra no le agradaría el Venerable Sāriputta a menos que sea un tonto, un odiador, un delirante o un trastornado mental?

Y el Buda repitió todos los términos del elogio de Ānanda.

Mientras se pronunciaban estas alabanzas a Sāriputta, el dios Susīma se acercó al Buda, escoltado por una gran asamblea de dioses, le rindió homenaje, se puso a un lado y le dijo:

¡Es tan cierto, Bienaventurado! ¡Es tan cierto, Oh Victorioso! ¿A quién en la tierra no le gustaría el Venerable Sāriputta a menos que sea un tonto, un odioso, un delirante o un trastornado mental?

Y él también repitió todos los términos de alabanza a Sāriputta, añadiendo:

Pues yo también, Señor, siempre que voy a una asamblea de dioses, oigo con frecuencia los mismos términos de alabanza.

Mientras se pronunciaban estas alabanzas a Sāriputta, los dioses de la asamblea de Susīma —elevados y exultantes, llenos de arrobamiento y felicidad— formaron un arcoíris de brillantes colores.

Supongamos que existiera una gema de berilo de belleza natural, de ocho caras y una elaboración experta. Colocada sobre una alfombra color crema, brillaría y resplandecería. Del mismo modo, los dioses de la asamblea de Susīma formaron un arcoíris de colores brillantes.

Supongamos que hubiera un ornamento del oro más fino, modelado por un experto orfebre, especializado en el trabajo con el crisol. Al colocarlo sobre una alfombra color crema, brillaría, resplandecería e irradiaría. Del mismo modo, los dioses de la asamblea de Susīma formaron un arcoíris de colores brillantes.

Supongamos que después de la estación de las lluvias el cielo estuviera despejado y sin nubes. Al despuntar el alba, la Estrella de la Mañana brilla, resplandece e ilumina. Del mismo modo, los dioses de la asamblea de Susīma formaron un arcoíris de colores brillantes.

Supongamos que después de la estación de las lluvias el cielo estuviera despejado y sin nubes. Al salir el sol, disiparía toda la oscuridad del cielo al brillar, resplandecer e iluminar. Del mismo modo, los dioses de la asamblea de Susīma formaron un arcoíris de colores brillantes.

Entonces el dios Susīma recitó este verso sobre el Venerable Sāriputta en presencia del Buda.

Sāriputta es considerado una persona sabia, libre de ira.
¡Carente de deseos, dulce, dócil, el clarividente resplandece con la
alabanza del Maestro!

Entonces el Buda respondió a Susīma con este verso sobre el Venerable Sāriputta:

Sāriputta es considerado una persona sabia, libre de ira.
Carente de deseos, dulce, dócil; realizado y bien instruido, espera
su tiempo.

30

CON DISCÍPULOS DE
OTROS CREDOS

Así lo he oído. En cierta ocasión, el Buda moraba cerca de Rā-jagaha, en el Bosque de Bambú, lugar de alimentación de las ardillas. Entonces, ya entrada la noche, varios dioses gloriosos iluminaron toda la Arboleda de Bambú. Eran Asama, Sahalī, Niṅka, Ākoṭaka, Vetambarī y Māṇavagāmiya, y todos ellos eran discípulos de diversos maestros de otros credos. Se acercaron a Buda, le rindieron homenaje y se colocaron a un lado. De pie a un lado, el dios Asama recitó este verso sobre Pūraṇa Kassapa[30] en presencia del Buda:

En herir y matar aquí,
en golpear y extorsionar,
Kassapa no vio ningún mal,
ni mérito alguno para sí mismo.
Se debe confiar verdaderamente en lo que enseñó,
es digno de estima como Maestro.

---

30 Pūraṇa Kassapa fue uno de los seis maestros ascéticos contemporáneos del Buda (s. VI a.C.). Propuso la doctrina del amoralismo (akiriyavāda), que negaba las consecuencias kármicas de las acciones. Enseñaba que no hay mérito ni demérito en las acciones, ni causa para la corrupción o purificación de los seres. Mencionado en varios suttas del Canon Pali, especialmente en el Sāma-ññaphala Sutta. Sus enseñanzas fueron fuertemente criticadas por el Buda por negar la responsabilidad moral y el karma. Representa una de las corrientes filosóficas rivales del budismo emergente en la antigua India.

Entonces el dios Sahalī recitó este verso sobre Makkhali Gosa-la[31] en presencia del Buda:

A través de la mortificación
se disciplinó a sí mismo.
Dejó de discutir con la gente.
Absteniéndose de hablar en falso, dijo la verdad.
¡Sin duda, un hombre así no hace ningún mal!

Entonces el dios Niṅka recitó este verso sobre Nigaṇṭha Nāta-putta[32] en presencia del Buda:

Asqueado del pecado, un monje autodisciplinado,
bien cultivado en los cuatro controles[33];

---

31 Makkhali Gosala fue el líder de la secta Ajivika y uno de los seis maestros ascéticos contemporáneos del Buda (s. VI a.C.). Propuso la doctrina del determinismo absoluto (niyativāda), negando el libre albedrío y la eficacia de las acciones humanas. Enseñaba que todos los seres pasarían por un ciclo fijo de reencarnaciones antes de alcanzar la liberación automáticamente. Mencionado en el Canon Pali, especialmente en el Sāmaññaphala Sutta. Sus enseñanzas fueron fuertemente criticadas por el Buda por negar la responsabilidad moral y el karma. Los Ajivikas tuvieron una influencia significativa en la India antigua hasta aproximadamente el siglo XIV.

32 Nigaṇṭha Nātaputta es el nombre dado en los textos budistas a Vardhamana Mahavira, fundador del Jainismo (ca. 599-527 a.C.). Contemporáneo del Buda, enseñaba estricto ascetismo, no-violencia (*ahimsa*), karma y reencarnación. Creía en el alma (*jiva*) y en sustancias no-vivientes (*ajiva*). Mencionado en varios suttas del Canon Pali, a menudo en debates con el Buda. Aunque rival filosófico, era respetado como importante líder espiritual. Sus enseñanzas formaron la base del Jainismo. En la tradición jainista es considerado el último Tirthankara (maestro iluminado).

33 Los "cuatro controles" (*cattāri samvaraṃ*) en el budismo son: 1) Pāti-mokkha-samvara: control según el código de disciplina; 2) Sati-samvara: control de los sentidos; 3) Ñāna-samvara: control mediante la sabiduría; y 4) Khanti-samvara: control mediante la paciencia. Estas prácticas éticas y de autocontrol son consideradas fundamentales para el progreso espiritual en el budismo, ayudando a cultivar disciplina, atención plena, sabiduría y paciencia.

explicando lo que ve y oye:
¡seguro que no puede ser un pecador!

Entonces el dios Ākoṭaka recitó este verso sobre varios maestros de otros credos en presencia del Buda:

Pakudhaka³⁴, Kātiyāna³⁵ y Nigaṇṭha, así como Makkhali y
Pūraṇa:
¡Maestros de comunidades, consumados ascetas,
seguramente no estaban lejos de ser hombres verdaderamente
buenos!

Entonces el dios Vetambarī respondió al dios Ākoṭaka en verso:

Aunque el miserable chacal aúlle,
nunca se parecerá al león.
Un charlatán desnudo de conducta sospechosa,
aunque enseñe a una comunidad,
no se parece a los hombres rectos.

Entonces Māra el Malvado tomó posesión del dios Vetambarī y recitó este verso en presencia del Buda:

Forman una base para la práctica del Noble Camino Óctuple y el avance hacia la liberación.

34 Pakudha Kaccayana fue otro de los seis maestros ascéticos contemporáneos del Buda (s. VI a.C.). Enseñaba una forma de atomismo y eternalismo, proponiendo la existencia de siete elementos eternos e inmutables: tierra, agua, fuego, aire, placer, dolor y alma. Negaba la eficacia de las acciones morales. Mencionado en el Canon Pali, especialmente en el Sāmaññaphala Sutta. Sus enseñanzas fueron criticadas por el Buda por negar la causalidad moral y la posibilidad de transformación espiritual. Representa una de las primeras formas de atomismo en el pensamiento indio antiguo.

35 Kātiyāna es otro nombre utilizado para referirse a Pakudha Kaccayana, del que hemos hablado más arriba.

Aquellos dedicados a la mortificación
en repugnancia del pecado,
salvaguardando su reclusión,
apegados a la forma,
se regocijan en el reino celestial.
En verdad, esos mortales
dan instrucciones correctas respecto al otro mundo.

Entonces el Buda, sabiendo que se trataba de Māra el Malvado, le respondió en verso:

Sean cuales sean las formas que haya aquí o más allá,
y las de belleza resplandeciente que hay en el cielo,
a todas ellas alabas, Namuci[36]*, como cebo lanzado para pescar.*

Entonces el dios Māṇavagāmiya recitó este verso sobre el Buda en su presencia:

De todas las montañas de Rājagaha,
se dice que Vipulo es la mejor.
Seta es el mejor de los picos del Himalaya,
y el sol, la mejor cumbre de los viajeros en el espacio.

El océano es el mejor de los mares,
y la luna, de las luces que brillan en la noche.
Pero en todo el mundo con sus dioses,
el Buda es declarado el primero.

---

36 Namuci: epíteto de Mara en el Canon Pali. Significa "el que no libera" o "el que no deja ir". Personifica las fuerzas que se oponen a la iluminación en la mitología budista. Tiene raíces en la mitología védica como un asura. En textos budistas, aparece intentando tentar o desafiar al Buda. Simboliza obstáculos espirituales como el deseo, el apego y la ignorancia. Las narrativas sobre Namuci/Mara ilustran la superación de obstáculos en el camino hacia la liberación espiritual.

AQUÍ SE COMPLETAN
LOS DISCURSOS DE LOS DIOSES JÓVENES
E HIJOS DE LOS DEVAS.

ÍNDICE

DEVAPUTTA SAMYUTTA

El libro budista de los dioses
compuesto con tipos Montserrat en créditos
y portadillas, y DGP
en el resto de las tripas,
bajo el cuidado de Daniel Vera,
se terminó de imprimir
el 21 de agosto de 2024,
ese mismo día de 1940 muere León Trotski
en la ciudad de México, tras haber sido
mortalmente herido el día anterior por el
agente del NKVD soviético Ramón Mercader.

LAUS DEO